Bauernweisheiten

»Wenn der Hahn kräht auf dem Mist...«

Bauernweisheiten

rund ums Jahr

Herausgegeben von Christa Kilian

BASSERMANN

Im Bassermann-Verlag sind zahlreiche praktische Ratgeber erschienen, u. a.:
„Geflügelte Worte“ (Nr. 1/0127)
„Zitate und Sprichwörter von A bis Z“ (Nr. 1/0098)
„Lexikon der Synonyme“ (Nr. 1/0095)
„Erfolgreich Briefe schreiben“ (Nr. 1/0054)
„Gute Umgangsformen“ (Nr. 1/0113)
„Rhetorik – Sprechen, Vortragen, Überzeugen“ (Nr. 1/0114)

Die Deutsche Bibliothek – CIP-Einheitsaufnahme

Bauernweisheiten rund ums Jahr : „Wenn der Hahn kräht auf dem Mist …“ / Christa Kilian (Hrsg.). – Niedernhausen/Ts. : Bassermann, 1994
ISBN 3-8094-0154-4
NE: Kilian, Christa [Hrsg.]

ISBN 3 8094 0154 2

Umschlaggestaltung: Andreas Jacobsen
Titelbild: Reinhard-Tierfoto, Heiligkreuzsteinach-Eiterbach
Zeichnungen: Dietmar Griese, Hannover
Redaktion: Ulrike Mai
Satz: DM-SERVICE, Rodgau
Gesamtkonzeption: Bassermann'sche Verlagsbuchhandlung.
D-65527 Niedernhausen/Ts.

817 2635 4453 6271

Inhalt

Motto 6
Vorwort: Bauernregel – Bauernweisheit 7
Wie's Wetter wird 9
Januar 27
Februar 37
März 47
April 57
Mai 67
Juni 77
Juli 85
August 93
September 101
Oktober 111
November 121
Dezember 131
Der Natur auf der Spur 141
Saat … 167
… und Ernte 179
In Vino Veritas 213
Das liebe Vieh 225
Der Bauernstand 239
Lebensweisheiten 257
Scherzregeln 296

Motto

Viel Arbeit hat der Meteorolog'
das Wetter weit vorauszusehen.
Viel Forschung treibt der Biolog',
um Tier' und Pflanzen zu verstehen.
Und auch der Philosoph denkt viel,
wenn er den Mensch begreifen will.

Sie forschen viel ein jedes Jahr,
doch war der Bauer oft schon da.
So daß, was Wissenschaft ergründet,
man längst in Bauernregeln findet.

Christine Kästner

Bauernregel–Bauernweisheit

Wenn man mit Freunden abends einen Spaziergang macht und der Himmel färbt sich rot, dann spricht wenigstens einer vom „Abendrot als Gutwetterbot'". Manchmal entbrennt dann eine Diskussion darüber, ob Abendrot nicht „mit Regen droht". Auch wenn alle ziemlich unsicher sind, wie es eigentlich richtig heißt – nämlich „Morgenrot mit Regen droht" –, ist es doch typisch, daß von diesen Bauernregeln alle schon einmal gehört haben. Und man erzählt sich von Großmüttern und Großvätern, die diese Regeln kannten. Der moderne Mensch hält sich allerdings lieber an die Angaben des Wetteramtes.

Doch nicht von ungefähr beschäftigen sich heute auch Meteorologen und nicht nur Volkskundler mit den Bauernregeln. Wetter-kundler untersuchen die Zutreffenswahrscheinlichkeit von bäuerlichen Wettervorhersagen – hochwissenschaftlich wohlgemerkt – und stoßen recht häufig auf „richtige" Regeln. Natürlich können die Wissenschaftler physikalisch erklären, warum es nach dem Morgenrot eher regnet als nach dem Abendrot. Die Bauernregel tut das nicht, sie faßt lediglich die Erfahrungen zusammen, die über Generationen von Menschen gesammelt wurden, die im besonderen Maße vom Wetter und der Natur abhängig waren. Und deshalb ist sie auch für den modernen Menschen noch von Interesse – und sei's auch nur bei einem abendlichen Spaziergang. Bedenken muß

man aber, daß es sich nicht um eherne Gesetze handelt, sondern um Regeln, und „keine Regel ohne Ausnahme“.
Die Bauernregeln geben aber nicht nur Hinweise über kurzfristige Wetterbedingungen. Es gibt Bauernweisheiten, die sich mit Voraussagen über Aussaatdaten und mögliche Ernteerfolge befassen, die aus dem Verhalten der Tiere auf künftiges Wetter schließen, oder ganz einfach Lebensweisheiten vermitteln.
Eine besondere Stellung im Jahresverlauf nehmen die sogenannten Lostage ein. Lostage sind Tage, von denen man glaubte, daß sie das Los, also das Schicksal, beeinflussen. Sie sind verbunden mit Heiligen-Namenstagen – ein Zeichen dafür, wie die christliche Kirche sich in das Gedankengut des Volkes einzubringen wußte. Es hatte auch einen praktischen Nutzen, sich bestimmte Tage auf diese Weise – zum Beispiel für die Aussaat – zu merken. In vergangenen Jahrhunderten konnten nur wenige lesen und schreiben. Die Bauern hatten keinen Kalender. Aber wann die Heiligen-Namenstage waren, wußten sie.
Bei der Betrachtung dieser Regeln darf man nicht vergessen, daß unser heutiger Kalender auf dem Gregorianischen Kalender beruht, den Papst Gregor XIII. 1582 eingeführt hat. Der bis dahin gültige Julianische Kalender war ein wenig ungenau in der Berechnung der Anzahl der Tage pro Jahr. Seit seiner Einführung im Jahre 46 vor Christi Geburt bis ins 16. Jahrhundert ergab sich deshalb ein Unterschied von 10 Tagen. Im Jahr 1582 wurde das ausgeglichen, indem man auf den 4. Oktober den 15. Oktober folgen ließ. So erklären sich Regeln wie „St. Veit (15. Juni) hat den längsten Tag, Lucie (13. Dez.) die längste Nacht vermag“, die nicht mit unserer Sommer- und Wintersonnenwende (21. Juni und 21. Dezember) übereinstimmen. Ein Zeugnis bieten sie auch dafür, wie alt manche dieser Bauernregeln sind.

Wie's Wetter wird

Der Bauer ist in seiner Arbeit von kaum etwas so abhängig wie vom Wetter. Es ist daher verständlich, daß sich viele Bauernregeln finden, die das Wetter der nächsten Stunden oder Tage voraussagen. Diese Regeln machen Aussagen darüber, wie lange sich das sonnige Wetter noch hält, ob es bald regnen könnte oder ob es kälter wird. Für die Entscheidung eines Bauern, auszusäen oder Heu zu machen, ist dieses Wissen notwendig.

Die Regeln basieren auf der Beobachtung von Wetterlagen und den darauf folgenden Wetterveränderungen. Ein erfahrener Bauer weiß das Wetter zu lesen – er kennt die Zeichen. Er weiß, welche Winde welches Wetter bringen. Aus der Art der Wolken oder dem Nebel schließt er, ob es regnen wird. Gewitter vorauszusehen ist für denjenigen, der in der Natur arbeitet, manchmal sogar lebenswichtig. Auch die Gestirne, oder besser ihr Aussehen, geben dem Wetterkundigen Hinweise auf Kommendes.

Wenn man lange genug wartet,
wird das schönste Wetter.

Das Wetter kennt man am Winde –
wie die Herren am Gesinde.

Wetter und Wind –
ändern sich geschwind.

Ander' Wind – ander' Wetter.

Wind in der Nacht
am Tage Wasser macht.

Wenn heftige Winde sich legen,
folgt Regen.

Kält' und Nachtfrost schädlich sind,
gut dagegen sind die Wind'.

Der Föhn macht das Wetter schön;
wenn er vergohd, fällt er ins Kot.

Der Wind vor Mitternacht
hart' Wetter bracht'.

Wenn es aus den Bergen windet,
so stürmt es über die Ebene.

Wenn der Wind der Sonne folgt,
so bleibt das Wetter tagelang gut.

Oft gibt der West
schönem Wetter den Rest.

Westwind und Abendrot
machen die Kälte tot.

Weht's bei Neumond her vom Pol,
bringt es kühles Wetter wohl.

Der Nordwind ist ein rauher Vetter,
aber er bringt beständig' Wetter.

Der Nordwind vertreibt den Regen.

Sonnenhof bei Nord und Ost
bedeutet Glatteis und rauhen Frost,
aber bei Süd bedeutet er Tau,
Sturm und Regen bei West genau.

Der Wind vom Aufgang
ist schönen Wetters Anfang.

Mit Ostwind
schön Wetter beginnt.

Südwind bringt Regen, Nordwind Dürre –
danach richte dein Geschirre.

Weht der Wind dauernd aus Süden,
ist uns bald Regen beschieden.

Südwind kalt –
wird selten drei Tage alt.

Wer auf jede Wolke acht hat,
versteht sich wohl aufs Wetter.

Glücklich das Land,
wo die Wolken wintern.

Ziehen die Wolken dem Wind entgegen,
gibt's am anderen Tage Regen.

Wenn Schäfchen am Himmel stehen,
kann man ohne Schirm spazierengehen.

Je weißer die Schäfchen am Himmel gehn,
je länger bleibt das Wetter schön.

Schäfchen, die hoch am Himmel weiden,
immer nur gute Tage bedeuten.

Auf dicke Wolken
folgt schweres Wetter.

Schäfchenwolken ziehen nach
Regen schon am dritten Tag.

Wenn der Himmel gezupfter Wolle gleicht,
das schöne Wetter dem Regen weicht.

Höhenrauch braun und dick,
bricht dem Wetter das Genick.

Nicht immer kommt ein Regen,
wenn die Wolken sich bewegen.

Hängen sich Wolken an die Spitzen der Berge,
dann gibt es Regen.

Regen bei Sturm und Wind
legt den Sturm geschwind.

Wenn kleiner Regen will,
macht großen Wind er still.

Kleine Regen machen auch naß.

Der stärkste Regen
fängt mit Tropfen an.

Es ist vorhanden des Regens viel,
wenn der Rauch nicht aus dem Haus will.

Je weiter man sieht,
desto näher der Regen.

Ist Regen mit neuem Licht,
an Regen es dann nicht gebricht.

Hagel im Feld –
bringt Kält'.

Wenn der Staub sich lange in der Luft aufhält,
gewißlich auch bald Regen fällt.

Kleiner Regen löscht großen Staub.

Staubregen wird guter Bote sein,
schön trocken Wetter tritt dann ein.

Was als Dunst aufsteigt,
fällt als Regen nieder.

Steigt morgens Nebel empor,
so steht Regen bevor.

Wenn der Nebel fällt zur Erden,
wird bald gutes Wetter werden;
steigt der Nebel nach dem Dach,
folgt bald großer Regen nach.

Fallender Nebel und Nebelregen
schönes Wetter zu machen pflegen.

Siehst du Nebel auf See und Auen,
kannst du getrost auf schön Wetter bauen.

Wenn abends dicker Nebel liegt,
dann das schönste Wetter siegt.

Wenn am Morgen kein Tau gelegen,
warte bis Abend auf sicheren Regen;
fällt aber Regen wie feiner Staub,
an gut Wetter glaub'.

Häufig starker Tau
hält den Himmel blau.

Regen in der Frühe gelt
als gut Zeichen aller Welt.

Frühregen entweicht,
eh' die Uhr auf zwölfe zeigt.

Frühregen und frühe Gäste
bleiben selten über Nacht.

Nebliger Morgen, goldiger Abend.

Grauer Morgen – schöner Tag.

Der Morgen grau, der Abend rot –
ist ein guter Wetterbot'.

Früher Sonnenschein
bringt abends Regen ein.

Morgenrot – Abendkot.

Morgenrot
mit Regen droht.

Ist's morgens rot vorm Sonnenloch,
regnet's nicht, so windet's doch.

Wenn kurz vor Vollmond der Sonnenaufgang neblig war,
wird's Wetter in den nächsten Tagen warm und klar.

Das Glück, so uns der Morgen bracht',
dauert selten bis zur Nacht.

Regenbogen am Morgen
läßt für Regen nicht sorgen.

Bei hellem Abend und trübem Morgen
ist der Wanderer gut geborgen.

Regenbogen am Abend
läßt gutes Wetter hoffen.

Der Abend rot, der Morgen grau
gibt das schönste Tagesblau.

Der Abend rot und weiß das Morgenlicht,
dann trifft der Wandrer böses Wetter nicht.

Abendrot – Gutwetterbot'.

Abendrot bei West,
gibt dem Frost den Rest.

Eine kleine Morgenwolke macht
oft ein großes Abendgewitter.

Ein kleiner Regen dämpft
ein großes Gewitter.

Wenn das Gewitter schnell vorbei,
kommt bald ein and'res an die Reih'.

Dampft das Strohdach nach Gewitterregen,
kehrt's Gewitter wieder auf anderen Wegen.

Wetter, die langsam ziehen,
schlagen am schwersten.

Gewitter in der Vollmondzeit
verkünden Regen weit und breit.

Ein Donner macht
mehr Getümmel als zehn Blitze.

Wenn's auf den trocknen Boden donnert,
dann blüht eine Hitz',
und wenn's auf den nassen Boden donnert,
so blüht ein Regen.

Blitze, die beiseit' vom Wetter entstehen,
sind die gefährlichsten.

Wenn es blitzt von Westen her,
deutet's auf Gewitter schwer;
kommt vom Norden her der Blitz,
deutet es auf große Hitz'.

Schöpft die Sonn' heut Wasser,
so geust sie morgen das Bad aus.

Wenn die Sonne scheint sehr bleich,
ist die Luft an Regen reich.

Zeigt die Sonne bis elfe sich,
neigt sie erst am Abend sich.

Scheint Sonne auf das nasse Blatt,
gibt's von oben wieder wat.

Gibt Ring oder Hof sich Sonn' oder Mond,
bald Regen und Wind uns nicht verschont.

Wenn der Mond hat einen Ring,
so folgt der Regen allerding.

Ist der Ring nah dem Mond,
uns der Regen noch verschont;
ist der Ring aber weit,
hat er Regen im Geleit.

Neumond mit Wind
ist zu Regen oder Schauer gesinnt.

Seht ihr den Neumond hell und rein,
so wird ein gutes Wetter sein;
ist aber selbiger sehr rot,
so ist er vieles Windes Bot'.
Ist er denn bleich, so glaube frei,
daß nasse Zeit dahinter sei.

Heller Mond und strenge Kält'
lange nicht zusammenhält.

Der Himmel is vuller Sterne,
's wird sehr kalt werden.

Flimmernde Sterne
bringen Wind recht gerne.

Wenn im Moor viel Irrlicht' stehn,
bleibt das Wetter lange schön.

Nordlichtschein
bringt Kälte ein.

Nordlicht an der Himmelshöh'
verkündet zeitig Eis und Schnee.

Freitagswetter – Sonntagswetter.

Wer im Herbst hell Wetter will,
hat der Winde im Winter viel.

Ist der Herbst wahr, hell und klar,
hoffe auf ein gutes Jahr.

Bleibt der Vorwinter fern,
so kommt der Nachwinter gern.

Wenn die Tage langen,
kommt der Winter gegangen.

Fällt der erste Schnee in'n Dreck,
so ist der Winter ein Geck.

Fängt der Winter zu früh an zu toben,
ist er im Dezember nicht zu loben.

Sperrt der Winter zu früh sein Haus,
hält er sicher nicht lange aus.

Weißer Nebel im Winter –
da ist Frost dahinter.

Steigt winters ein dichter Nebel auf,
gibt's Glatteis im nächsten Tageslauf.

Liegt im Winter kahl das Land,
zieht's das Wasser aus dem Land.

Gestrenge Herren regieren nicht lange,
drum sei bei strengem Frost nicht bange.

Donner im Winterquartal,
bringt uns Kälte ohne Zahl.

Bei Donner im Winter
ist viel Kälte dahinter.

Mondfinsternis bei Winterszeit im Norden
ist Ursach' stets von großer Kält' geworden.

Wieviel Tage vom ersten Schnee bis zu Neumond fallen,
so oft soll im Winter der Schnee auch ballen.

Sternschnuppen im Winter in heller Masse
melden uns Sturm und fallen ins Nasse.

Im Winter darf man nicht um Regen bitten –
im Sommer ist er gern gelitten.

Wie das Wetter von Frühlingsanfang bis Mitte April,
wird es im Sommer sein, so Gott will.

Januar

Der Januar nimmt als erster Monat im Jahr eine besondere Stellung ein. So wie es üblich ist, in der Silvesternacht Vorsätze zu fassen für das kommende Jahr, so erhoffte man sich, vom Wetter im Januar Aussagen über das ganze Jahr herleiten zu können. Ein neues Jahr, ein neuer Anfang – und für die Bauern ein Bangen, ob die Saat aufgehen wird, die Ernte gelingt.
Im Januar wird in unseren Breiten nicht auf dem Feld gearbeitet. Trotzdem gibt es genug zu tun. Das Vieh ist zu versorgen, und man nützt die Zeit, um in Haus und Hof schadhaft Gewordenes wieder zu richten.

Andere Namen für den Januar sind Jänner, Hartung, Hartmond, Dreikönigsmonat, Eismond.

In früherer Zeit achtete man die sogenannten verworfenen Tage, auch Schwendtage. An diesen Tagen durfte nichts Neues begonnen werden, man unternahm keine Reisen, und auch Aderlässe wurden an diesen Tagen nicht verrichtet. Schon die Römer kannten diese Tage als „dies atri", schwarze Tage.
Im Januar sind dies der 2., 3., 4. und 18. Tag des Monats.

Anfang und Ende vom Januar
zeigen das Wetter für ein ganzes Jahr.

Ein Jahr, das schlecht will sein,
stellt sich schwimmend ein.

Ein kalter Januar –
bringt ein gutes Jahr.

Im Jänner werden die Tage länger
und der Winter strenger.

Sturm und Regen bringt heran
ein Jahr, das Januar zu donnern begann.

Haben wir vor Januar und Hornung (Februar) keinen Schnee,
will er im März und April nicht abgeh'.

Lacht der Januar im Kommen und Scheiden,
so bringt das Wetter noch viele Freuden.

Je frostiger der Januar,
desto freundlicher das ganze Jahr.

Ist der Januar warm,
Gott erbarm.

Eis und Schnee im Januar –
künden ein gesegnet' Jahr.

Januarnebel bringt bei Ostwind Tau –
der Westwind treibt ihn aus der Au'.

Wenn der Januar viel Regen bringt,
werden die Gottesäcker gedüngt.

Morgenrot am Neujahrstage –
wird das ganze Jahr zur Plage.

Das Licht nimmt zu am Neujahrstag
so weit ein Mücklein gähnen mag.

Wie das Wetter an Makarius (2. Jan.) war,
so wird es im September, trüb oder klar.

Makarius (2. Jan.) das Wetter prophezeit
für die ganze Erntezeit.

Die Erde muß ihr Bettuch haben,
soll sie der Winterschlummer laben.

Dreikönig (6. Jan.) wächst der Tag
so weit ein Hirschlein springen mag.

Ist Dreikönig (6. Jan.) kein Winter –
folgt keiner mehr dahinter.

Heilig Dreikönig (6. Jan.) sonnig und still,
Winter vor Ostern nicht weichen will.

Reichlich Schnee im Januar
macht den Dung für's nächste Jahr.

St. Julian (9. Jan.) bricht das Eis,
bricht er es nicht, umarmt er es.

St. Paulus (10. Jan.) klar,
gutes Jahr.
Bringt er Wind,
regnet's geschwind.

Hat Paulus (10. Jan.) weder Schnee noch Regen,
bringt das Jahr gar manchen Segen;
hat er Wind – regnet's geschwind.

Donnert's im Januar übers Feld,
so kommt später große Kält'.

Wenn's auf kahle Bäume wittert,
kommt neue Kälte angeschlittert.

An St. Anton (17. Jan.) nehmen die Tage zu
um eine Mönchsruh'.

Wenn Antoni (17. Jan.) die Luft ist klar,
so gibt es ein trockenes Jahr.

Große Kält' am Antonitag (17. Jan.),
große Hitz' am Lorenzitag (10. Aug.),
doch keine lange dauern mag.

Januar kalt,
das gefallt.

Der Jänner
ist ein Holzverbrenner.

Vor Petri Stuhlfeier (18. Jan.) die Nacht
zeigt, wie's das Wetter
noch vierzig Tage lang macht.

Januarsonne
hat weder Kraft noch Wonne.

An Fabian und Sebastian (20. Jan.)
fängt oft der rechte Winter an.

St. Vincent (22. Jan.)
hat der Winter noch kein End'.

Wie das Wetter zu Vincent (22. Jan.) war,
wird es sein das ganze Jahr.

St. Vincent (22. Jan.) heller Tag,
verheißt ein gutes Jahr.

Pauli bekehr dich (25. Jan.)
halb Winter scher' dich.

Ist der Paulustag (25. Jan.) gelinde,
folgen im Frühjahr rauhe Winde.

Ist zu Pauli Bekehr (25. Jan.) das Wetter schön,
wird man ein gutes Frühjahr sehn.
Ist's an diesem Tag aber schlecht,
dann kommt es spät als fauler Knecht.

Januar ganz ohne Schnee
tut Bäumen, Bergen, Tälern weh.

Friert es auf Virgilius (31. Jan.)
im Märzen Kälte kommen muß.

Auf trocken-kalten Januar
folgt viel Schnee im Februar.

Januar muß krachen,
soll der Frühling lachen.

Januar im Nebel weiß
schickt im Märzen Schnee und Eis.

Kommt im Januar der Frost nicht,
zeigt er im Märzen sein Gesicht.

Was dem Januar an Schnee gefehlt,
oft der weiße März erzählt.

Fehlen dem Januar Schnee und Frost,
gibt der März sehr wenig Trost.

Ist der Januar frostig und kalt,
lockt uns bald der grüne Wald.

Nebel im Januar –
bringen ein naß' Frühjahr.

Gelinder Januar
bringt spätes Frühjahr.

Ist der Januar feucht und lau,
wird das Frühjahr trocken und rauh.

Läßt der Januar Wasser fallen,
läßt der Lenz es gefrieren.

Wenn der Frost nicht im Jänner kommen will,
so kommt er im März oder April.

Soviel Tropfen im Januar,
soviel Schnee im Mai.

Ist der Januar hell und weiß,
kommt der Frühling ohne Eis,
wird der Sommer sicher heiß.

Wächst das Gras im Januar,
ist's im Sommer in Gefahr.

Wenn der Januar ist sehr milde,
führt er gutes Frühjahr und heißen Sommer im Schilde.

Februar

Im Februar hat der Winter seinen Höhepunkt überschritten, die Tage werden spürbar länger. Die Menschen haben nun schon zwei Wintermonate hinter sich und warten ungeduldig auf den Frühling. In heutiger Zeit hofft man auf das Ende der Glatteisstaus auf den Straßen. Früher mußte in diesem Monat mit den knapp werdenden Wintervorräten und dem Futter für die Tiere hausgehalten werden. In den Februar fällt auch die Fastnacht, weswegen er auch Narrenmond genannt wird. An Fastnacht wird mit viel Radau und Gerassel der Winter ausgetrieben.

Ein ganz besonderer Lostag ist Mariä Lichtmeß oder Mariä Reinigung, der 2. Februar. Langjährige Beobachtungen zeigten, daß das Wetter in den ersten Tagen im Februar Hinweise gibt, wie lange der Frühling auf sich warten lassen würde. Wichtig für die Bauern war vor allem zu wissen, wie lange es noch Fröste geben würde.

Der Februar wird auch Feber, Hornung und Lichtmeßmonat genannt.

Die verworfenen Tage sind der 3., 6., 8. und 16. des Monats.

Alle Monate im Jahr
verwünschen den schönen Februar.

Februar, der kürzeste der Mondenzahl,
ist auch der schlimmste hundertmal.

Hätte der Februar Januars Gewalt,
ließ' er erfrieren jung und alt.

Februar mit Schnee und Regen
deutet an den Gottessegen.

Weht im Hornung oft der West,
wird das Jahr nicht allerbest.

Heftige Nordwinde im Februar
vermelden ein gar fruchtbar' Jahr.
Wenn der Nordwind im Hornung aber nicht will,
dann kommt er sicher im April.

Schnee im Hornung macht,
daß das Wetter bis zur Sichel lacht.

Soviel Nebel im Februar –
soviel Kälte im ganzen Jahr.

Je nasser ist der Februar,
desto nasser wird das ganze Jahr.

Lichtmeß (2. Feb.) Sonnenschein –
es wird noch sechs Wochen Winter sein.

Februar hat seine Mucken –
baut aus Eis wohl feste Brucken.

Lichtmeß (2. Feb.) im Klee –
Ostern im Schnee.

Lichtmeß (2. Feb.) verlängert
den Tag um eine Stunde
für Menschen wie für Hunde.

Gibt's an Lichtmeß (2. Feb.) Sonnenschein,
wird's ein spätes Frühjahr sein.

Besser im Hornung frieren
als in der Sonn' spazieren.

Wenn der Nebel zu Lichtmeß (2. Feb.) fallt,
wird's gewöhnlich sehr lange kalt.

Bringt Maria Reinigung (2. Feb.) Sonnenschein,
wird die Kälte hernach noch größer sein.

Nebel im Februar
bringt Regen oft im Jahr.

Scheint Lichtmeßtag (2. Feb.) die Sonne klar,
gibt's Spätfrost und ein fruchtbar Jahr.

Wenn's zu Lichtmeß (2. Feb.) stürmt und tobt,
der Bauer sich das Wetter lobt.

Lieber soll zu Lichtmeß (2. Feb.)
der Wolf im Stalle hausen,
als die Sonne scheinen draußen.

Scheint an Lichtmeß (2. Feb.) die Sonne heiß,
kommt noch sehr viel Schnee und Eis.

St. Blasius (3. Feb.) stößt
dem Winter die Hörner ab.

Im Februar müssen die Stürme fackeln,
daß dem Ochsen die Hörner wackeln.

St. Agathe (5. Feb.), die Gottesbraut,
macht, daß Schnee und Eis gern taut.

Februar im Kot
bringt Krankheit und Not.

St. Dorothee (6. Feb.) –
bringt meistens Schnee.

Ist's an Apollina (9. Feb.) feucht,
der Winter sehr spät entfleucht.

Wenn an Fastnacht die Sonne scheint,
so kommt ein Winter nachgegreint.

Wie die drei Faschingstage schalten,
so werden sich die drei Ostertage halten.

Fastnacht schön –
Blümlein bald stehn.

An St. Valentein (14. Feb.)
friert's Rad mitsamt der Mühle ein.

Ist's am Valentin (14. Feb.) noch weiß,
blüht zu Ostern schon das Reis.

Regen im Februar
bringt flüssig Dünger fürs Jahr.

Felix und Petrus (21./22. Feb.) zeigen an,
was wir 40 Tage Wetter han.

Ist St. Petrus (22. Feb.) kalt,
hat die Kält' noch lang Gewalt.

Wenn's an Petri Stuhlfeier (22. Feb.) kalt,
die Kält' noch 40 Tage anhält.

Wie's Petrus (22. Feb.) und Matthies (24. Feb.) macht,
so bleibt es noch durch vierzig Nacht.

Wenn neues Eis Matthias (24. Feb.) bringt,
so friert's noch 40 Tage;
wenn noch so schön die Lerche singt,
die Nacht bringt neue Plage.

Wenn's im Februar regnerisch ist,
hilft's soviel wie guter Mist.

Taut es vor und auf Mattheis (24. Feb.),
geht kein Fuchs mehr übers Eis.

St. Mattheis (24. Feb.)
wirft einen heißen Stein ins Eis.

Mattheis (24. Feb.) bricht das Eis,
hat er keins,
so macht er eins.

Ein kurzer Hornung, sagt der Bauer,
ist ein lauer.

Alexander (26. Feb.) und Leander (28. Feb.)
suchen Märzluft miteinander.

Roman (28. Feb.) hell und klar
bedeutet ein gutes Jahr.

Wenn's der Februar gnädig macht,
bringt der Lenz den Frost bei Nacht.

Ist der Februar trocken und kalt,
kommt im Frühjahr die Hitze bald.

Der Hornung macht Dreck,
und der März holt ihn weg.

Läßt der Februar Wasser fallen,
so läßt's der März gefrieren.

Sonnt sich die Katze im Februar im Frei'n,
muß sie im Märzen zum Ofen hinein.

Februar mit Frost und Wind
macht die Ostertage lind.

Wenn die Februarsonne den Dachs nicht weckt,
schläft er im April noch fest.

Wenn's im Februar nicht schneit,
schneit es in der Osterzeit.

Ist der Februar schön und warm,
friert man Ostern bis zum Darm.

Nimmt sich Hornung Schnee und Eis,
verdient er nächsten Mai den Preis.

Februar-Tau
bringt Nachtfrost im Mai.

Wenn der Hornung warm uns macht,
friert's im Mai noch oft bei Nacht.

Ist's im Februar kalt und trocken,
so wird's im August heiß.

Soviel Nebeltage im Februar,
soviel kalte Tage im August.

Im Februar viel Schnee und Eis
macht den Sommer heiß.

März

Astronomisch gesehen fallen die ersten zwei Drittel des März noch in den Winter, da die Frühlings-Tagundnachtgleiche auf den 21. März fällt. Meteorologisch betrachtet gehört aber der März schon ganz zum Frühling. Die volkstümlichen Bezeichnungen des März als Lenzing, Lenzmond oder Frühlingsmonat spiegeln dies wider. Dennoch bleibt der März der Monat des Jahreszeitenwechsels und hat durchaus noch Winterliches zu bieten.

„Im Märzen der Bauer die Rößlein einspannt,
er setzet die Felder und Wiesen instand.
Er pflüget den Boden, er egget und sät
und regt seine Hände frühmorgens und spät.“

So beginnt ein bekanntes Volkslied. Die Frühlingsbestellung der Felder schickt den Bauern aus dem Haus. Und es ist verständlich, daß er mit bangem Blick das Wetter beobachtet.

Weitere Namen für den März sind Fastenmonat und Josephimonat.

Die verworfenen Tage sind der 13., 14., 15. und 29. März.

Ein Märzmonat
kein Tag wie den andern hat.

Zu Anfang oder zu End
der März sein Gift send'.

Der März soll wie ein Wolf kommen
und wie ein Lamm gehen.

Der März muß zwölf gute Tage haben.

Der März –
hat Gift im Sterz.

Im März viel Regen –
im Sommer wenig Segen.

So, wie der 1. März, so der Frühling;
so, wie der 2. März, so der Sommer;
so, wie der 3. März, so der Herbst.

Soviel im Märzen Nebel steigen,
sich hundert Tage danach Gewitter zeigen.

Märzenregen –
geht dürrem Sommer entgegen.

Kunigund (3. März) –
macht warm von unt'.

Das Lösegeld für einen König
ist für eine Schüssel Märzenschnee zuwenig.

Lachende Kunigunde (3. März) –
bringt frohe Kunde.

Schnee, der nun im Märzen weht,
abends kommt und geht.

Wenn es Kunigunde (3. März) friert,
man's noch vierzig Tage spürt.

Märzenregen zeigen an,
daß große Winde ziehn heran.

Wenn's donnert an Kunigund (3. März),
bleibt das Wetter lange bunt.

Dem Golde gleich ist Märzenstaub,
er bringt uns Kraut und Gras und Laub.

Wie das Wetter an vierzig Ritter (9. März) ist,
bleibt es noch vierzig Tage lang.

Mit dem Märzen –
ist nicht zu scherzen.

Friert's an Märtyrertag (10. März) recht,
so friert's noch vierzig Nächt'.

Märzengrün
ist bald wieder hin.

Bringt Rosamunde (11. März) Sturm und Wind,
so ist Sybilla (29. April) uns gelind.

Fürchte nicht den Schnee im März,
darunter schläft ein warmes Herz.

Gregori (12. März) schön,
Fuchs läßt sich sehn.
Gregori schlecht,
Fuchs bleibt versteckt.

Märzensonne – kurze Wonne.

Am Gregorstag (12. März)
schwimmt das Eis ins Meer.

Gewitter im Märzen
gehn dem Bauer zu Herzen.

Weht am Gregorius (12. März) der Wind,
noch 40 Tage windig sind.

Frühes Märzenlaub
dient dem Frost als Raub.

Märzengras tut
nimmer gut.

Friert's an Gertrud (17. März),
der Winter noch vierzig Tage nicht ruht.

Märzennebel in 100 Tagen Regen bringen.

Ist's am Josefstag (19. März) klar,
folgt ein fruchtbar Jahr.

Wenn amal Josefi (19. März) is,
endet der Winter g'wiß.

Märzenschein –
läßt nichts gedeihn.

Ist's am Josefstag (19. März) schön,
kann's nur gut weitergehn.

Wie das Wetter zu Frühlingsanfang (21. März)
ist es den ganzen Sommer lang.

Nebelt's im März,
windet's von südwärts.

Hat's in Mariennacht (25. März) gefroren,
so werden noch vierzig Fröste geboren.

Wenn der Sonnenaufgang von Mariä Verkündigung
(25. März) ist hell und klar,
so gibt es ein gutes Jahr.

Mariä Verkündigung (25. März) bläst das Licht aus,
St. Michel (29. Sept.) zündet's wieder an.

Wie die letzten Tage im März
wird die Herbstzeit allerwärts.

Ist an Ruprecht (27. März) der Himmel rein,
so wird er's auch im Juli sein.

Taut's im März nach Sommerart,
bekommt der Lenz einen weißen Bart.

Einem freundlichen März
folgt ein freundlicher April.

Donnert's im März,
dann friert's im April.

Wenn der März nicht tut, was er soll,
ist der April der Launen voll.

Wen der März nicht will,
den frißt der April.

Was im März schon sprießen will,
das verdirbt dir der April.

Der März am Schwanz,
der April ganz,
der Mai neu
halten selten treu.

Was der März nicht will,
holt sich der April.
Was der April nicht mag,
steckt der Mai in den Sack.

Wind im März, naß im April –
bringt im Mai des Segens viel.

Wenn im März noch viel Winde wehn,
wird's im Maien warm und schön.

Soviel Nebel im März
soviel Frost im Mai.

Soviel Tau im März,
soviel Regen nach Ostern,
soviel Nebel im August.

Soviel der März an Nebeln macht,
so oft im Juni Donner kracht.

Wie's im März regnet,
wird's im Juni wieder regnen.

Soviel Nebel im März,
so viele Fröste im Mai,
soviel Gewitter im Sommer.

Auf Märzenregen
folgt kein Sommersegen.

April

„April, April, der weiß nicht, was er will".

Diese Regel ist wahrscheinlich eine der bekanntesten. Der April ist für seine Launenhaftigkeit und Unbeständigkeit berühmt. Das wechselnde Wetter wird hervorgerufen durch Kaltlufteinflüsse aus dem Norden, die auf bereits erwärmte Luftschichten über dem Festland stoßen.

Im April wird meist auch das Osterfest begangen. Ostern fällt immer auf den Sonntag nach dem ersten Frühlingsvollmond, das ist frühestens der 22. März, spätestens der 25. April. Den Namen erhielt das heute christliche Fest von der altgermanischen Frühlingsgöttin Ostara.

Der Bauer bewertet den häufigen Wechsel von Sonnenschein und Regen positiv, sind das doch die Bedingungen, die die Saat braucht.

Der April wird auch Ostermond, Ostermonat und Keimmonat genannt.

Der April hat nur den 19. als verworfenen Tag.

Man mut den April
nehmen, as he kummt.

Das Wetter mag sein, wie es will,
man nimmt's nicht übel dem April.

Wohl hundertmal schlägt das Wetter um –
das ist des Aprils Privilegium.

Aprilwetter und Kartenglück
wechseln jeden Augenblick.

April, dein Segen
heißt Sonne und Regen –
nur den Hagel
häng' an den Nagel.

Heller Mondenschein in der Aprilnacht
schadet leicht der Blütenpracht.

Im April –
wächst das Gras die Füll'.

Schnee im April –
gut düngen will.

Bringt Genoveva (2. April) Sturm und Wind,
so ist Waltraud (9. April) uns gelind.

Ambrosius (4. April)
schneit oft den Bauern auf den Fuß.

Bläst im April der Nord,
so dauert gutes Wetter fort.

Ist Ambrosius (4. April) schön und rein,
wird St. Florian (4. Mai) dann wilder sein.

Je mehr im April die Regen strömen,
desto mehr wirst du vom Felde nehmen.

Kommt Aprilsturm schon beizeiten,
ist das Ende schon zu leiden.

Wenn's viel regnet am Amantiustag (8. April),
ein dürrer Sommer folgen mag.

Ist der Palmsonntag ein heiterer Tag,
für den Sommer ein gutes Zeichen sein mag.

Aprilschnee
bringt Gras und Klee.

Wenn's den Buben auf die Palmbesen schneit,
so regnet's den Jungfrau'n an Ostern auf die Kränze.

Wenn's schneit in die Palm'
schneit's das Vieh aus der Alm.

Ist der Gründonnerstag weiß,
wird der Sommer sicher heiß.

Am Karfreitag trauert die Sonne
bis drei Uhr nachmittags.

Wenn's am Karfreitag regnet,
ist's ganze Jahr gesegnet.

Ein Regen auf einen Ostertag
mehr Regen denn schön Wetter sagt.
Vom Futter aber auf den Wiesen
kann's Vieh nicht allzuviel genießen.

Wind der auf Ostern weht,
noch vierzig Tage steht.

Woher zu Ostern der Wind kommt gekrochen,
daher kommt er sieben Wochen.

Wenn's am Ostertag auch regnet am wingsten,
so regnet's alle Sonntage bis Pfingsten.

Ein Wind, der von Ostern bis Pfingsten regiert,
im ganzen Jahr sich wenig verliert.

Wenn's Ostern regnet,
ist die Erde den ganzen Sommer über durstig.

Der April ist noch so gut –
er schneit dem Bauer auf den Hut.

Kommt St. Georg (23. April) geritten auf einem Schimmel,
so kommt auch ein gutes Frühjahr vom Himmel.

April dürre –
macht die Hoffnung irre.

Gewitter vor St. Georgstag (23. April)
ein kühles Jahr bedeuten mag.

Grollt der Donner im April,
ist vorbei des Reifes Spiel.

Hört man Donner im April,
viel Gutes der verkünden will.

Gewitter vom Georgiustag (23. April),
folgt gewiß noch Kälte nach.

Ist Georgii (23. April) warm und schön,
wird man noch rauhes Wetter sehn.

Im April ein tiefer Schnee –
keinem Dinge tut er weh.

Aprilschnee ist der Grasbrüter.

St. Georg (23. April) und St. Marks
drohen oft viel Arg's.

Solange es vor St. Markus (25. April) warm ist,
so lange ist es nachher kalt.

Mondhelle Nächte im April
schaden der Baumblüte viel.

Schnee im April darf nicht lange währen,
soll er die Knospen nicht verzehren.

Walpurgisfrost (30. April) –
ist schlechte Kost.

Walpurgisnacht (30. April) Regen oder Tau –
auf ein gut Jahr bau'.

Der April macht die Blum',
und der Mai hat den Ruhm.

Aprilschnee ist Mist –
Maischnee frißt.

Viel Nebel im April
und Höhenrauch im Mai,
die führen wohl die Pest
und die Hungersnot herbei.

April und Mai fürwahr
sind die Schlüssel fürs Jahr.

Gras, das im April wächst,
steht im Mai fest.

Hat's im April tüchtig gegossen,
dann wird im Mai das Unkraut sprossen.

April macht die Knospen rund,
Mai öffnet ihnen den Mund.

Der April kann rasen,
nur der Mai hält Maßen.

Wie's im April und im Maien war –
so schließt man aufs Wetter im ganzen Jahr.

Schießt im April das Gras,
bleibt der Maimond kühl und naß.

Nasser April – blumiger Mai.

Auf Aprilflöckchen
folgt Maiglöckchen.

Auf nassen April
ein trockner Juni folgen will.

Gibt's im April mehr Regen als Sonnenschein,
wird warm und trocken der Juni sein.

Mai

Im Mai sprießt, grünt und blüht es überall in der Natur. Die Pflanzen entfalten sich mit aller Kraft. In vielen Liedern und Gedichten wird der „Wonnemonat" besungen. Die zunehmende Wärme und die immer zuverlässiger scheinende Sonne erfüllt alles, was lebt, mit Energie und Tatendrang. Dabei wird oft vergessen, daß der Mai auch noch kalte Tage bringen kann, wie die vielen Regeln über die „Eisheiligen" Mamertus, Pankratius, Servatius, Bonifatius und Sophia bezeugen. Sophia, die letzte im Bunde am 15. Mai, wird nur im südlichen Teil unseres Landes als Eisheilige genannt. Die Kaltlufteinbrüche aus den polaren Breiten, die für diese Wetterlage verantwortlich sind, brauchen eben etwas länger, bis sie im Süden sind.

Andere Namen für den Mai sind auch Walpurgismonat oder Marienmonat.

Die verworfenen Tage sind der 3., 10., 22. und 25. Mai.

Der Mai kommt gezogen,
wie der November verflogen.

Ein rechter Mai fürwahr,
das ist der Schlüssel zum ganzen Jahr.

Ein kühler Mai wird hochgeacht',
hat stets ein gutes Jahr gebracht.

Der Mai, zum Wonnemonat erkoren,
hat den Reif noch hinter den Ohren.

Wenn der 1. Mai schellt,
grünt das Feld.

Maischnee ist
besser als Schafsmist.

Jacobi (1. Mai) hell und warm –
macht dich der Winter arm.

Mairegen
bringt Segen,
da wächst jedes Kind,
da wachsen die Blätter,
die Blumen geschwind.

Mai ohne Regen,
fehlt's allerwegen.

Maientau macht grüne Au;
Maienfröste – unnütze Gäste.

Donner im Mai
führt guten Wind herbei.

Nordwind im Mai
bringt Trockenheit herbei.

Weht im Mai der Wind aus Süden,
ist uns Regen bald beschieden.

Im Mai Donnerschläge
bringen Dürre zuwege.

Sind die Maikäfer angesagt,
wird ein Schoppen mehr gewagt.

Ist es im Mai recht kalt und naß,
haben die Maikäfer wenig Spaß.

Vom Tau, der im Maienmond fällt,
der Bauer vielen Segen erhält.

Wie's Wetter am Kreuzauffindungstag (3. Mai),
bis Himmelfahrt es bleiben mag.

Der Mai bringt Blumen dem Gesichte,
aber dem Magen keine Früchte.

Der Florian, der Florian (4. Mai)
noch einen Schneehut setzen kann.

Viel Gewitter im Mai
sagt niemand ohwei.

Pankratius (12. Mai) und Servatius (13. Mai),
die bringen Kälte und Verdruß.

Fröste im Mai schädlich sind,
gut hingegen sind die Wind'.

Pankrazi (12.), Servazi (13.), Bonifazi (14.)
sind drei frostige Bazi,
und zum Schluß fehlt nie
die kalte Sophie (15. Mai).

Scheint auf Himmelfahrt die Sonne,
bringt der Herbst uns große Wonne.

Um Himmelfahrt kommen die Gewitter zurück.

Stehend' Wasser im Mai –
den Wiesen Verderben bringt herbei.

Ehe Pankraz (12.) und Servaz (13.) nicht vorbei,
ist nicht sicher vor Kälte der Mai;
oft ist sogar St. Urbanus (25.)
noch ein arger Grobianus.

Der heilige Mamerz (11. Mai)
hat von Eis ein Herz;
Pankratius (12.) hält den Nacken steif,
sein Harnisch klirrt von Frost und Reif;
Servatius' (13.) Mund der Ostwind ist,
hat schon manch' Blümlein totgeküßt.

Sonnenfinsternis im Mai
führt trockenen Sommer herbei.

Pankraz (12.) und Servaz (13. Mai) sind zwei böse Brüder,
was der Frühling gebracht, zerstören sie wieder.

Wenn es am Pankratiustag (12. Mai) schön ist,
so ist das ein gutes Zeichen
zu einem schönen und reichen Herbst.

Vor Nachtfrost bist du sicher nicht,
bis daß herein Servatius (13. Mai) bricht.

Nach Servaz (13. Mai)
findet der Frost keinen Platz.

Kein Reif nach Servaz (13. Mai),
kein Schnee nach Bonifaz (14. Mai).

Vor Nachtfrost bist du sicher nicht,
bevor Sophie (15. Mai) vorüber ist.

Des Maien Mitte
hat für den Winter noch eine Hütte.

Mitte Mai –
ist der Winter vorbei.

Die Pfingsten naß –
wünsch' dir das.

Regnet's am Pfingsttag
so bringt's alle Plag'.

Regnet's am Pfingstmontag,
so regnet's sieben Sonntag.

Helle Pfingsten – dürre Weihnachten.

Heiliger Johann Nepomuk (16. Mai)
treib' uns die Wassergüss zuruck.

Gefriert's zu St. Petersnacht (19. Mai),
so friert's nicht mehr hernach.

Abendtau im Mai
gibt das rechte Heu.

St. Urban (25. Mai)
ist ein kalter Mann.

Wie es sich an St. Urban (25. Mai) verhält,
so ist's noch zwanzig Tage bestellt.

St. Urbanus (25. Mai) gibt der Kälte den Rest,
wenn Servatius (13. Mai) noch was übrigläßt.

Die Witterung auf St. Urban (25. Mai)
zeigt des Herbstes Wetter an.

Urban (25. Mai) den Sommer send't,
Symphox (28. Aug.) behält das End'.

Trockner Mai – Juni naß.
Ist die Regel, merk dir das.

Auf einen nassen Mai
kommt ein feuchter Juni herbei.

Nasser Mai
bringt trockenen Juni herbei.

Mai mäßig feucht und kühl,
setzt dem Juni ein warmes Ziel;
aber übermäßig warmer Mai will,
daß der Juni voll Nässe sei.

Ist der Frühling trocken,
gibt's einen nassen Sommer.

Juni

Anfang Juni beginnt der meteorologische Sommer und am 21. bzw. 22. Juni auch der astronomische. Die Sommersonnenwende wird aber am 24. Juni, dem St. Johannis-Tag gefeiert. Früher wurden an diesem Tag große Holzfeuer angezündet, und es sollte Glück bringen, Holz ins Feuer zu werfen. Auch war es Brauch für junge Liebespaare, gemeinsam übers Feuer zu springen.

Der bekannteste Lostag des Juni ist der Siebenschläfertag am 27. Die dazugehörige Regel besagt, daß das Wetter an diesem Tag das Wetter der nächsten sieben Wochen voraussagt. Deshalb sollte man allerdings nicht gleich sieben Wochen Dauerregen erwarten, wenn es an Siebenschläfer einen kleinen Schauer gab. Meteorologische Statistiken zeigen aber auf, daß die Tendenz zu Niederschlägen in der folgenden Zeit größer ist, wenn es an oder besser um Siebenschläfer geregnet hat.

Auch Brachmond, Brachert, Rosenmond, Johannismonat wird der Juni genannt.

Die verworfenen Tage sind der 17. und 30. Juni.

Kälte im Juni verdirbt,
was Nässe im Mai erwirbt.

Wie soll der Juni sein?
Warm, mit Regen und Sonnenschein.

Der Juni ist nicht so unschuldig
wie er sich ansieht.

Wenn naß und kalt der Juni war,
verdarb er fast das ganze Jahr.

Nordwind, der im Juni weht,
nicht im besten Rufe steht.
Kommt er an mit kaltem Guß,
bald Gewitter folgen muß.

Viermal Juniregen
bringt zwölffachen Segen.

Schönes Wetter auf Fortunat (1. Juni)
ein gutes Jahr zu bedeuten hat.

Nikodemus (1. Juni) kann noch warten,
Peter und Paul (29. Juni), die müssen braten.

Im Juni ein Gewitterschauer
macht das Herz gar froh dem Bauer.

Fronleichnam schön und klar
sagt an ein gutes Jahr.

Fällt auf die Fronleichnamsprozession Regen,
so regnet's vierzig Tage allerwegen.

Was St. Medardus (8. Juni) für Wetter hält,
solch' Wetter auch in die Ernte fällt.

Wie's wittert am Medardustag (8. Juni),
so bleibt's sechs Wochen lang danach.

Ein Nachtfrost noch im Junius
macht ohn' Ausnahm' viel Verdruß.

Wie's Wetter auf St. Medardi (8. Juni) fällt,
es bis zum Mondesschluß anhält.

Hat Medardus (8. Juni) an Regen Behagen,
will er ihn auch in die Ernte jagen.

Durch Juniwind aus Norden
ist noch nichts verdorben worden.

An St. Medardus (8. Juni) wird ausgemacht,
ob 40 Tag' die Sonne lacht.

Im Juni bleibt man gerne stehn,
um nach Regen auszusehn.

St. Barnabas (11. Juni) macht, wenn er günstig ist,
wieder gut, was verdorben ist.

Barnabas (11. Juni)
macht Bäum' und Dächer naß.

Wenn St. Anton (17. Juni) gut Wetter lacht,
St. Peter (29. Juni) viel in Wasser macht.

Der Wind dreht sich um St. Veit (15. Juni),
da legt sich's Laub auf die andere Seit'.

Reif in der Juninacht
den Bauern Beschwerde macht.

St. Veit (15. Juni) hat den längsten Tag,
Lucie (13. Dez.) die längste Nacht vermag.

Wenn's an Vitus (15. Juni) regnet fein,
soll das Jahr gar fruchtbar sein.

Juni viel Donner
verkündet trüben Sommer.

Wenn es regnet auf Gervasius (19. Juni),
es vierzig Tage regnen muß.

Ist die Milchstraße klar zu sehn,
bleibt das Wetter schön.
Funkeln heut (21. Juni) die Stern,
Spielt der Wind bald den Herrn.

Wenn Nordwind weht im Junius,
gar bald Gewitter folgen muß.

Wenn die Johanniswürmchen
schön leuchten und glänzen,
kommt's Wetter zu Lust
und im Freien zu tänzen;
verbirgt sich das Tierchen
bis Johanni (24. Juni) und weiter,
wird's Wetter einstweilen
nicht warm und nicht heiter.

Wenn Johannes (24. Juni) ist geboren,
gehn die langen Tag' verloren.

Wenn die Nacht zu längen beginnt,
dann die Hitze am meisten zunimmt.

Vor Johanni (24. Juni) bitt' um Regen,
nachher kommt er ungelegen.

Regnet's am Johannistag (24. Juni),
so regnet es noch vierzehn Tag'.

Das Wetter am Siebenschläfertag (27. Juni)
sieben Wochen bleiben mag.

Siebenschläfer Regen (27. Juni) –
sieben Wochen Regen.

Ist der Siebenschläfer (27. Juni) naß,
regnet's ohne Unterlaß.

Wenn's am Siebenschläfer (27. Juni) gießt,
sieben Wochen Regen fließt.

Regnet's am Tag von Peter und Paul (29. Juni),
steht es mit dem Wetter faul.
Es drohen dreißig Regentage,
da nützet nun mal keine Klage.

Petri-Pauli (29. Juni) klar
gibt ein gutes Jahr.

Peter und Paul (29. Juni)
scheißen einander aufs Maul.

Stellt der Juni mild sich ein,
wird's auch der Dezember sein.

Juniglut und Dezemberkält –
mit beiden ist es gleich bestellt.

So heiß es im Juni,
so kalt im Dezember;
so naß oder trocken im Juni,
so naß oder trocken im Dezember.

Juli

Im Juli ist für viele Leute Ferienzeit. Wer noch nicht verreist ist, steckt vielleicht in Urlaubsvorbereitungen. In den Städten versuchen die Menschen der drückenden Hitze zu entfliehen; es herrscht Hochsaison in den Freibädern und an den Badeseen. Für den Bauern aber beginnt die anstrengende Erntezeit, die sich bis in den Herbst hineinzieht. Für die Ernte des Getreides wünscht er sich viel Sonne und Wärme, auch wenn er dafür vielleicht ein Gewitter in Kauf nehmen muß. Donner und Blitz stören ihn nicht, wenn nicht die Hagelkörner, die ein Gewitter im Juli mit sich bringen kann, die Ernte zerstören.

Im Juli beginnen die sogenannten Hundstage, die bei uns normalerweise die heißesten Tage des Jahres sind. Am 23. Juli geht der Sirius am Nachthimmel auf, der hellste Fixstern im Sternbild Großer Hund. Die Hundstage dauern bis zum 23. August.

Andere Namen für den Juli sind Heumond, Heumonat oder Apostelmonat.

Die verworfenen Tage sind der 19., 22. und 28. Juli.

So selten wie ein Kopf ohne Nagel,
so selten ein Juli ohne Hagel.

Die Julisonne arbeitet für zwei.

Juli Sonnenbrand – gut für Leut' und Land.

Wenn Donner kommt im Julius,
viel Regen man erwarten muß.

Fängt der Juli mit Tröpfeln an,
wird man lange Regen han.

Fällt kein Tau im Julius,
Regen man erwarten muß.

Regnet's zum Juli hinaus,
so guckt der Bauer nicht gern aus dem Haus.

Wie das Wetter an Mariä Heimsuchung (2. Juli),
so wird es 40 Tage sein.

Wie Maria (2. Juli) fortgegangen,
wird Magdalene (22. Juli) sie empfangen.

Sind am Abend über Wiese und Flur Nebel zu schauen,
wird die Luft anhaltend schön Wetter brauen.

Mariä Heimsuch (2. Juli) wird's bestellt,
wie's Wetter sich 40 Tage hält.

Ohne Tau kein Regen –
heißt's im Juli allerwegen.

Wie Maria (2. Juli) ins Gebirg' zieht ein,
so wird der ganze Juli sein.

Ist Siebenbrüder (10. Juli) ein Regentag,
so regnet's noch 7 Wochen danach.

Wie die sieben Brüder das Wetter gestalten,
so soll es noch 7 Wochen halten.

Wenn's im Juli nicht donnert und blitzt,
wenn im Juli der Schnitter nicht schwitzt,
der Juli dem Bauern nicht nützt.

Sieben Brüder (10. Juli) Regen,
bringt weder Nutzen noch Segen.

Ist Apostelteilung (15. Juli) schön,
so kann das Wetter der sieben Brüder (10. Juli) gehn.

Regen an Alexe (17. Juli)
wird zur alten Hexe.

Wie's Wetter an St. Margaret (20. Juli),
dasselbe noch 4 Wochen steht.

Margaretens (20. Juli) Regen
wird erst nach Monatsfrist sich legen.

Margaretens (20. Juli) Regen
bringt keinen Segen.

Die Julisonne hat noch keinen Bauer
aus dem Lande geschienen.

Gegen Margareten (20. Juli) und Jakoben (25. Juli)
die stärksten Gewitter toben.

Der Juli bringt die Sichel
für Hans und Michel.

Magdalene (22. Juli) weint um ihren Herrn,
drum regnet's an diesem Tage gern.

Magdalenen (22. Juli) –
da fehlt's nicht an Tränen.

Regnet's am St. Magdalentag (22. Juli),
folgt gewiß mehr Regen nach.

Wie das Wetter, wenn der Hundsstern
(Sirius um 23. 7. herum) aufgeht,
so wird's bleiben, bis er untergeht. (Ende August)

Bläst Jakobus (25. Juli) weiße Wölkchen in die Höh',
sind's Winterblüten zu vielen Schnee.

Jakobi (25. Juli) klar und rein,
wird's Christfest frostig sein.

Sind um Jakobi (25. Juli) die Tage warm,
gibt's im Winter viel Kält' und Harm.

Jakobi (25. Juli) ohne Regen
deutet auf strengen Winter.

St. Jakobustag (25. Juli) vormittag bedeuten tut
die Zeit der Weihnachten, das halt in Hut.

Von St. Ann (26. Juli)
gehen die kühlen Morgen an.

Hundstage hell und klar
zeigen an ein gutes Jahr.

Hundstage heiß und schwül,
braucht der Bauer Hände viel.

Der Hundsstern aufgeht mit trübem Glantz,
bringt allzeit gern Pestilantz.
Zeigt er sich aber hell und klar,
so ist hoffen ein gesundes Jahr.

Hundstage heiß – Winter lang weiß.

Wie das Wetter an Ignaz (31. Juli) ist,
so stellt sich auch der Januar ein.

Hagelt's im Juli und August,
ist's aus mit des Bauern Freud und Lust.

Was der Juli nicht siedet,
kann der August nicht braten.

Was der Juli verbricht,
rettet der September nicht.

Bringt der Juli heiße Glut,
gerät auch der September gut.

Macht der Juli uns heiß,
bringt der Winter viel Eis.

Was der Juli zerbricht,
rettet der Dezember nicht.

Ist's im Juli recht hell und warm,
friert's um Weihnachten reich und arm.

Genauso wie der Juli war,
wird nächstes Jahr der Januar.

August

Im August ist die Ernte im vollen Gange. Der Bauer hofft auf die sprichwörtlichen Hundstage, sie sollen für Hitze und Sonne sorgen. Zuviel Regen im August gefährdet die Getreideernte und macht so zunichte, was die vorigen Monate durch gute Bedingungen wachsen ließen.

Die Tage werden aber schon spürbar kürzer, oft kühlt sich nachts die Luft merklich ab, und es bildet sich Tau. Frühaufsteher wissen, wie naß eine Wiese nach einer sternenklaren Nacht durch Tau sein kann. Manch einer mag sich dann fragen, ob es nicht doch geregnet hat. Auch wenn Ende August die Thermometer noch hohe Temperaturen anzeigen und die Kinder in der Schule noch auf einige Stunden „hitzefrei" hoffen können, so fühlt man doch das Ende des Sommers nahen, schon den Herbst in der Luft liegen.

Der August wird auch Erntemonat, Ährenmonat oder Wallfahrtsmonat genannt.

Die verworfenen Tage sind der 1., 17., 21., 22. und der 29. August.

Fängt der August mit Donnern an,
er's bis zum End' nicht lassen kann.

Ist's in der ersten Augustwoche heiß,
bleibt der Winter lange weiß.

Fängt der August mit Hitze an,
bleibt sehr lang die Schlittenbahn.

Wenn's im August stark tauen tut,
bleibt das Wetter meistens gut.

Nasser August
macht teure Kost.

Wenn's im August aus Norden weht,
beständiges Wetter vor dir steht.

Ist Nordwind im August nicht selten,
so soll er schönem Wetter gelten.

Wenn's im August ohne Regen abgeht,
das Pferd vor leerer Krippe steht.

Hitze am Dominikus (4. Aug.) –
ein harter Winter kommen muß.

Der Tau tut dem August so not,
wie jedermann sein täglich Brot;
doch zieht er sich gen Himmel,
herab kommt ein Getümmel.

An St. Afra (7. Aug.) Regen
ist für den Bauer ungelegen.

Augustsonne, die schon früh brennt,
nimmt nachmittags kein gutes End.

St. Lorenz (10. Aug.) kommt in finstrer Nacht
ganz sicher mit Sternschnuppenpracht.

Sind Lorenz (10. Aug.) und Barthel (24. Aug.) schön,
ist ein guter Herbst vorauszusehn.

Wie Lorenz (10. Aug.) und Bartl (24. Aug.) sind,
wird auch der Herbst – sei's rauh, sei's lind.

Laurentius (10. Aug.) heiter und gut,
einen schönen Herbst verheißen tut.

Wie das Wetter am Hippolyt (13. Aug.),
so es mehrere Tage geschieht.

Dem Sommer sind Donnerwetter nicht Schande,
sie nützen der Luft und auch dem Lande.

Wie das Wetter zu Kassian (13. Aug.),
hält es noch viele Tage an.

August ohne Feuer –
macht das Brot teuer.

Wie das Wetter am Himmelfahrtstag (15. Aug.),
so der ganze Herbst sein mag.

Scheint die Sonne hell und zart
an Mariä Himmelfahrt (15. Aug.),
wird es schönen Herbst bedeuten.
Sag das Sprüchlein allen Leuten.

Im August der Morgenregen
wird sich meist vor Mittag legen.

Wie sich das Wetter am Bartheltag (24. Aug.) stellt ein,
so soll's den ganzen September sein.

Ein Regen im August
ist für den Wald Erquickungslust.

Liegt Reif um den Bartheltag (24. Aug.) offen,
so ist ein warmer Herbst zu hoffen.

Es pflegt im August beim ersten Regen,
die Hitze sich zu legen.

Wie sich an Bartholomäus (24. Aug.) das Wetter verhält,
so ist es auch im Herbst bestellt.

Trockner August
ist der Bauern Lust.

Bleibt St. Barthol (24. Aug.) im Regen stehn,
ist ein guter Herbst vorauszusehn.

Gewitter um Bartholomä (24. Aug.)
bringen Hagel und Schnee.

Um Augustin (28. Aug.)
ziehn die Wetter hin.

Um die Zeit von Augustin (28. Aug.)
gehn die warmen Tage hin.

Bischof Felix (30. Aug.) zeigt an,
was wir 40 Tag' für Wetter han.

Was August nicht vermocht,
kein September mehr kocht.

Was der August nicht kocht,
kann der September nicht braten.

Im August viel Höhenrauch,
folgt ein strenger Winter auch.

Wittert es viel im August,
du nassen Winter erwarten mußt.

Wenn's im August nicht regnet,
ist der Winter mit Schnee gesegnet.

Im August blüht der Schnee für den nächsten Winter,
wenn weiße Wolken ziehen.

Macht der August uns heiß,
bringt der Winter viel Eis.

Wie der August war,
wird der künftige Februar.

August entspricht dem Februar,
wie der Juni dem Dezember.

September

Der September läutet allmählich den Herbst ein. Aber es gibt noch viele warme Tage mit relativ wenig Wolken. Darin gleicht der September dem Mai, der in den Sommer einführt. Der September führt uns aus dem Sommer heraus und wird deshalb auch Scheiding genannt. Beobachtet man den September genau, so kann man vermuten, wenn natürlich auch nicht wissen, wie das Wetter im Herbst und im Winter werden wird. Ein gängiger Glaube ist, daß das Wetter in einem Monat auf die Wetterlage des im Jahreskreis gegenüberstehenden Monats Prognosen erlaubt. Der September gibt also Hinweise auf den folgenden März. Gewitter sind im September eigentlich recht selten; hat man sie doch, so zeigen sie sehr warme Tage an, die dann der letzten Reifung der Früchte noch viel Gutes tun.

Andere Namen für den September sind Herbsting, Herbstmond oder Engelmonat.

Der September hat mit Abstand die meisten verworfenen Tage. Es sind dies der 21., 22., 23., 24., 25., 26., 27. und der 28. Tag des Monats.

Durch des Septembers heitern Blick
schaut noch einmal der Mai zurück.

Was der Juli verbrach,
holt der September nicht nach.

Ist der erste hübsch und rein,
wird's der ganze Monat sein.

September schön in ersten Tagen,
will den ganzen Herbst ansagen.

Ist der September hell und klar,
so hoffen wir auf ein fruchtbar' Jahr.

Wie das Wetter an Ägidius (1. Sept.),
so es vier Wochen bleiben muß.

Wie St. Ägidientag (1. Sept.),
so der ganze Monat mag.

Schönes Wetter hat noch auf Wochen
des Ägidius (1. Sept.) Sonnenschein versprochen.

Ist's an St. Ägidi (1. Sept.) rein,
wird's so bis Michaeli (29. Sept.) sein.

Soll der September den Bauern erfreun,
so muß er gleich dem Märze sein.

Gib auf Ägidien (1. Sept.) wohl acht,
er sagt dir, was der Monat macht.

Ist Ägidi (1. Sept.) ein heller Tag,
ich dir schönen Herbst ansag.

Wenn der September donnern kann,
so setzen die Bäume noch Blüten an.

Ägidius (1. Sept.) Regen
kommt ungelegen.

Wie das Wetter am Magnustag (6. Sept.),
so es vier Wochen bleiben mag.

Septemberregen – dem Bauer Segen,
dem Winzer Gift, wenn er ihn trifft.

Ist Regine (7. Sept.) warm und sonnig,
bleibt das Wetter lange wonnig.

Wie sich das Wetter an Maria Geburt (8. Sept.) verhält,
so ist's noch weitere 4 Wochen bestellt.

Ist Gorgon (9. Sept) schön,
bleibt's noch 6 Wochen schön.

Bringt St. Gorgon (9. Sept.) Regen,
folgt ein Herbst mit bösen Wegen.

Wenn's an Portus (11. Sept.) nicht näßt,
ein dürrer Herbst sich sehen läßt.

An Maria Namen (12. Sept.)
sagt der Sommer Amen.

Ist's hell am Kreuzerhöhungstag (14. Sept.),
so folgt ein strenger Winter nach.

St. Ludmilla (15. Sept.), das fromme Kind,
bringt gern Regen und Wind.

Auf Lambert (17. Sept.) hell und klar,
folgt ein trocken Jahr.

Trocken wird das Frühjahr sein,
ist St. Lanpert (18. Sept.) klar und rein.

Hat Matthäus (21. Sept.) schön' Wetter im Haus,
so hält es noch vier Wochen aus.

Tritt Matthäus (21. Sept.) stürmisch ein,
wird's bis Ostern Winter sein.

Wie's der Matthis (21. Sept.) treibt,
es 4 Wochen bleibt.

Zwischen Matthäi (21. Sept.) und Michei (29. Sept.)
sind Tag und Nacht gleich.

Klares Wetter an Mauritius (22. Sept.) –
im nächsten Jahr viel Wind kommen muß.

Zeigt sich klar Mauritius (22. Sept.),
viel Sturm er bringen muß.

Nebelt's an St. Kleophas (25. Sept.),
wird der ganze Winter naß.

Regnet es an Michaeli (29. Sept.) ohne Witter,
so folgt meist ein milder Winter;
ist es aber an diesem
und an Gallus (16. Okt.) trocken,
so darf man auf ein gutes
und trockenes Frühjahr hoffen.

Der Michel (29. Sept.) zündt's Licht an.

Regnet's am Michaelistag (29. Sept.),
folgt ein milder Winter nach.
Wenn aber zu Michel der Wind kalt weht,
ein harter Winter zu erwarten steht.

Auf nassen Micheltag (29. Sept.)
nasser Herbst folgen mag.

Wenn Michael (29. Sept.) durch die Pfützen geht,
ein milder Winter vor uns steht.

Soviel Reif und Schnee vor Michaelis (29. Sept.) fällt,
so lange das Eis nach Georgi (24. April) hält.

Regnet's sanft am Michelstag (29. Sept.),
folgt ein milder Winter nach.

Gibt Michaeli (29. Sept.) Sonnenschein,
wird in zwei Wochen Winter sein.

Michael (29. Sept.) feucht –
Winter wird leicht.

Bringt St. Michel (29. Sept.) Regen,
kann man im Winter den Pelz ablegen.

Wenn Michaelis (29. Sept.) der Wind von Nord
und Osten weht,
ein harter Winter zu erwarten steht.

Fällt am Michaelistage (29. Sept.) Regen,
am Gallustage (16. Okt.) nicht,
dies ein gut Frühjahr verspricht.

Wenn der Erzengel (29. Sept.) sich die Flügel badet,
zu Weihnachten der Regen schadet.

Regnet es an Michaeli (29. Sept.) ohne Gewitter,
folgt meist ein milder Winter.

Michaele (29. Sept.) heizen vele.
Galle (16. Okt.) – alle.

Wie im September tritt der Neumond ein,
so wird das Wetter den Herbst durch sein.

Der September ist der Mai des Herbstes.

September warm –
Oktober kalt.

Auf einen heiteren und warmen September
folgt gern ein trüber und rauher Oktober.

Im September schwitzen,
im Dezember sitzen.

Septemberdonner prophezeit
vielen Schnee zur Weihnachtszeit.

Septemberwärme dann und wann
zeigt einen strengen Winter an.

Nach Septembergewittern
im Winter viel Schnee- und Kältezittern.

Ist der September lind,
wird der Winter ein Kind.

Wittert's im September noch,
liegt im März der Schnee noch hoch.

Der September entspricht dem März
wie der Juni dem Dezember.

Nach Septembergewittern
wird man im Hornung vor Schnee und Kälte zittern.

Oktober

Der Oktober ist ein bunter Monat, denn er färbt die Blätter ein. Daher wurde er auch Gilbhart – reich an Gelbem – genannt. Viele Künstler und Fotografen lieben das Herbstlicht und die reichen Farben dieser Jahreszeit. Es können auch recht heftige Winde und Stürme wehen, die das Laub von den Bäumen fegen. Den Kindern gefällt der Oktober, wenn er trocken ist. Sie lieben es, durch das tiefe, dürre Laub zu waten, das bei jedem Schritt raschelt. Manch ein Erwachsener aber stöhnt, wenn er jeden Tag das Laub im Garten zusammenrechen muß. Wegen der Winde ist der Oktober auch ein guter Monat, um Drachen steigen zu lassen. Die bunten Drachen, die mit langem Schweif am Himmel flattern, gehören zur Farbenpracht des Oktobers.

Der Oktober ist der Weinmond, denn es findet die Traubenlese statt. Bei jungem Wein mit Zwiebelkuchen läßt sich in froher Runde auch ein Regentag genießen.

Der Oktober wird auch Kirchweihmonat genannt.

Der Oktober hat nur drei verworfene Tage: den 3., 6. und den 11. Tag des Monats.

Ist im Oktober das Wetter hell,
bringt es Wind und Wetter schnell.

Regen an St. Remigius (1. Okt.)
bringt für den ganzen Mond Verdruß.

Wenn's im Oktober wetterleuchtet,
noch mancher Regen die Äcker feuchtet.

Fällt das Laub Leodefar (2. Okt.),
so ist das nächste Jahr ein fruchtbar' Jahr.

Fällt im Wald das Laub sehr schnell,
ist der Winter bald zur Stell'.

St. Pelei (8. Okt.)
führt Donner und Hagel herbei.

Oktoberhimmel voller Sterne
haben warme Öfen gerne.

Regnet es an St. Dionys (9. Okt.),
wird der Winter naß gewiß.

Oktoberregen
verspricht ein Jahr voll Segen.

Hedwig (15. Okt.) und Galle (16. Okt.)
machen das schöne Wetter alle.

Durch Oktobermücken
laß dich nicht berücken.

Ist St. Gall' (16. Okt.) trocken,
so folgt ein Sommer mit nassen Socken.

Ist der Oktober kalt,
macht er dem Raupenfraße halt.

Wenn St. Gallus (16. Okt.) Regen fällt,
der Regen sich bis Weihnachten hält.

St. Gallen (16. Okt.) –
läßt den Schnee fallen.

Gießt's an St. Gallus (16. Okt.) wie ein Faß,
wird der nächste Sommer naß.

Einem trockenen Gallustag (16. Okt.)
ein trockener Sommer folgen mag.

Regnet es an St. Gallustag (16. Okt.) nicht,
es dann im nächsten Frühjahr an Regen gebricht.

Oktobergewitter
sind Leichenbitter.

Ist St. Lukas (18. Okt.) mild und warm,
kommt ein Winter, daß Gott erbarm'.

Oktober, der fröhliche Wandersmann,
der pinselt Wald, Weide und Hecken an.

St. Ursulas (21. Okt.) Beginn
zeigt auf den Winter hin.

Lacht St. Ursula (21. Okt.) mit Sonnenschein,
wird wenig Schnee vorm Christfest sein.

Komet im Oktober,
macht Sturm und Frost zum Ober.

Wenn's Severinus (23. Okt.) gefällt,
bringt er mit die erste Kält'.

Hat der Oktober viel Regen gebracht,
hat er die Gottesäcker bedacht.

Simon und Judas (28. Okt.)
fegen's Laub in die Gass'.

Simon und Judä (28. Okt.)
hängt an die Stauden Schnee.

Simon und Juda (28. Okt.), die zwei
führen oft Schnee herbei.

Wer im Herbst hell' Wetter will,
hat der Winde im Winter viel.

Wenn Simon und Judas (28. Okt.) vorbei,
so rückt der Winter herbei.

Simon Jude (28. Okt.)
schmeißt uns Schnee auf die Bude.

Wenn Simon und Judas (28. Okt.) vorbei,
ist der Weg dem Winter frei;
es sitzen auch die heiligen Herrn
am warmen Kachelofen gern.

Wolfgang (31. Okt.) Regen,
verspricht ein Jahr voll Segen.

Fällt der erste Schnee in den Schmutz,
vor strengem Winter kündet er Schutz.

Im Oktober Sturm und Wind
uns frühen Winter kündt.

Schneit's im Oktober gleich,
dann wird der Winter weich.

Bringt der Oktober noch Gewitter,
wird der Winter meist ein Zwitter.

Hält der Oktober das Laub,
wirbelt zu Weihnachten Staub.

Wie im Oktober die Regen hausen,
so im Dezember die Winde sausen.

Hält der Baum die Blätter lang,
macht ein später Winter bang.

Wenn das Blatt am Baume bleibt,
ist der Winter noch recht weit.

Ist der Oktober warm und fein,
kommt ein scharfer Winter drein;
ist er aber naß und kühl,
mild der Winter werden will.

Oktoberwind – glaube es mir –
verkündet harten Winter dir.

Oktobergewitter sagen beständig,
daß der Winter sei wetterwendig.

Viel Regen im Oktober,
viele Winde im Dezember.

Wie im Oktober die Regen hausen,
so im Dezember die Stürme brausen.

Gewitter im Oktober künden,
daß du wirst nassen Winter finden.

Nordlicht im Oktober, glaube mir,
verkündet herben Winter dir.

Im Oktober der Nebel viel,
bringt im Winter der Flocken Spiel.

Bringt der Oktober viel Frost und Wind,
so sind der Januar und Februar gelind.
Wenn's im Oktober friert und schneit,
bringt der Jänner milde Zeit.
Wenn's aber donnert und wetterleuchtet,
der Winter dem April an Launen gleichet.

Bringt der Oktober schon Schnee und Eis,
ist's schwerlich im Januar kalt und weiß.

Wenn lind der Oktober war,
folgt ein harter Januar.

Oktober rauh –
Januar lau.

Warmer Oktober bringt fürwahr,
stets einen kalten Februar.

Ist der Oktober freundlich und mild,
ist der März dafür rauh und wild.

Oktober und März
gleichen sich allerwärts.

November

Der November gehört zum Herbst, auch wenn er schon Frost und Schnee bringen kann. Er zeigt uns dann den Vorwinter. Als es in Deutschland noch Wölfe in der freien Natur gab, zogen diese in sehr strengen Novembernächten um einsam gelegene Gehöfte herum, um Nahrung zu finden. So erklärt sich der Name Wolfsmond. Der November zeichnet sich durch Gegensätze aus. Er kann schon viel Schnee bringen, den er kurz darauf wieder vehement wegschmelzen läßt. Mitunter kann es um diese Jahreszeit noch einmal sehr warm werden, so warm sogar, daß die Bäume ein zweites Mal blühen. In der Regel aber ist der November regnerisch, und dichter Nebel versteckt das Land. So bunt der Oktober war, so grau ist der November.

Nebelung, Nebelmond, Totenmonat oder Allerheiligenmonat sind weitere Namen für den November.

Wie der April hat der November nur einen verworfenen Tag, der 12. Tag des Monats.

Der November tritt oft hart herein,
trotzdem braucht nicht viel dahinter sein.

Donnert's im November gar,
so folgt ihm ein gesegnet' Jahr.

Hat der November zum Donnern Mut,
wird das nächste Jahr wohl gut.

Der Altweibersommer tut nicht lang gut,
und steht er auch in aller Heiligen (1. Nov.) Hut.

Allerheiligen (1. Nov.) bringt Sommer für alte Weiber,
der ist des Sommers letzter Vertreiber.

Schnee an Allerheiligentag (1. Nov.)
selten lange liegen mag.

November-Morgenrot
mit langem Regen droht.

An Allerheiligen (1. Nov.) Sonnenschein,
tritt der Nachsommer ein.

Wenn's zu Allerheiligen (1. Nov.) schneit,
dann lege deinen Pelz bereit.
Regnet's aber an diesem Tag,
viel Schnee im Winter kommen mag.

Sitzt November fest im Laub,
wird das Wetter hart, das glaub.

Allerheiligen (1. Nov.) Reif
macht die Weihnacht starr und steif.

Allerheiligen (1. Nov.) feucht,
wird der Schnee nicht leicht.

Ist die Martinsgans (11. Nov.) am Brustbein braun,
wird man mehr Schnee als Kälte schaun;
ist sie aber weiß,
so kommt weniger Schnee als Eis.

Wolken am Martinstag (11. Nov.),
der Winter unbeständig werden mag.

St. Martin (11. Nov.) trüb
macht den Winter lind und lieb;
ist er aber hell,
macht er Eis gar schnell.

Im November viel naß –
auf den Wiesen viel Gras.

Wenn um Martini (11. Nov.) Nebel sind,
so wird der Winter meist gelind;
zieht die Spinne ins Gemach,
kommt ihr gleich der Winter nach;
hecken die Hühner in den Ecken,
kommt der Winter mit Frost und Schrecken.

St. Martin (11. Nov.) kommt nach alten Sitten,
gern auf dem Schimmel angeritten.

Hat Martini (11. Nov.) einen weißen Bart,
wird der Winter lang und hart.

Wenn die Martinsgänse auf dem Eise gehn,
muß das Christkind im Schmutze stehn.

Wie St. Martin (11. Nov.) führt sich ein,
soll zumeist der Winter sein.

Wer will wohl verstehen das,
ob der Winter werd' dürr oder naß,
der den Martinstag (11. Nov.) betracht,
das Siebengestirn auch nehm' in acht,
auf ein naß' Wetter zur Hand
folgt ein Winter im Unbestand;
wenn aber die Sonne scheint wohl,
ein harter Winter folgen soll.

St. Martin (11. Nov.) weiß –
nichts mehr von heiß.

Wenn im November der Buche Holz im Saft,
so wird der Regen stärker als der Sonne Kraft;
ist es aber starr und fest,
sich große Kälte erwarten läßt.

St. Martin (11. Nov.) –
Feuer im Kamin.

Der Sommer, den St. Martin (11. Nov.) beschert,
drei volle Tage und ein bißchen währt.

Macht St. Martin (11. Nov.) ein böses Gesicht,
so taugt der ganze Winter nicht.

Wenn im November die Stern' stark leuchten,
läßt dies auf baldige Kälte deuten.

Den Martin (11. Nov.), den Andreas (30. Nov.)
sieht man lieber dürr als naß.

Der heilige Leopold (15. Nov.)
ist dem Altweibersommer hold.

St. Elisabeth (19. Nov.) sagt an,
was der Winter für ein Mann.

Mariä Opferung (21. Nov.) klar und hell,
macht den Winter streng ohn' Fehl.

Dem heiligen Clemens (23. Nov.) traue nicht,
denn selten zeigt er ein mild' Gesicht.

Wie St. Kathrein (25. Nov.)
wird's auch an Neujahr sein.

Schafft Katharina (25. Nov.) vor Frost sich Schutz,
so watet man lange draußen im Schmutz.

Kathreine (25. Nov.)
hält den Winter im Schreine.

Katharinenwinter (25. Nov.) –
ein Plackwinter.

Wie es um Katharina (25. Nov.), trüb oder rein,
so wird auch der nächste Februar sein.

Andreasschnee (30. Nov.) kann lange liegen,
Hubertusschnee (3. Nov.) im Graben versiegen.

Topf und Faß füllt Andreas (30. Nov.) und
Walpurgis (30. April) schaut ihm auf den Grund.

Andreasschnee (30. Nov.)
bleibt hundert Tage liegen.

Nach Andries (30. Nov.)
ist der Winter gewiß.

Viel Nebel im Herbst,
viel Schnee im Winter.

Sperret der Winter zu früh das Haus,
hält er sicher nicht lange aus.
Bleibt aber der Vorwinter aus,
kommt der Nachwinter mit Frost und Braus.

Viel Regen im November,
viel Wind im Dezember.

Strenger Nebel, Nebelregen,
schauen dem Winter entgegen.

Ruhen die Nebel im Wald,
kommt der Winter bald.

Blühen im November die Bäume aufs neu,
währet der Winter bis zum Mai.

Ist der November kalt und klar,
wird trüb und mild der Januar.

Friert im November zeitig das Wasser,
wird's im Januar um so nasser.

Wie der Wolfsmonat wittert,
so wittert auch der März.

Novemberwasser auf den Wiesen,
dann wird das Gras im Lenze sprießen.

Wie der November so der folgende Mai.

Novemberdonner
schafft guten Sommer.

Fällt im November das Laub sehr früh zur Erden,
soll ein feiner Sommer werden.

Wenn im November die Wasser steigen,
dies nassen Sommer will anzeigen.

Dezember

Das Jahr neigt sich dem Ende zu. Die Tage werden immer kürzer, und die langen Abende laden zur Besinnlichkeit ein. Früher saß man bei Kerzenschein beisammen und spann, nähte oder flickte, was in der arbeitsreichen Zeit des Sommers und des Herbstes liegengeblieben war. Die Adventszeit mit ihren Kerzen und festlichen Liedern soll uns auf das Weihnachtsfest einstimmen. Die weiße Weihnacht, die für viele zu einem „richtigen“ Weihnachten gehört, ist für unsere Breiten leider eine Ausnahme. Der meteorologische Kalender sagt für die Zeit um Heiligabend eine Wärmeperiode an, Tauwetter also, das das begehrte Weiß, den Schnee, wieder schmelzen läßt. Die Bauernregeln gehen merkwürdigerweise auf diese immer wiederkehrende Wetterlage im Dezember nicht ein. Im Gegenteil, sie beschreiben die grüne Weihnacht sogar als die Ausnahme, auf die weiße Ostern folgen soll. Und weiße Ostern wiederum sind bei uns tatsächlich selten.

Der Dezember wird auch Christmond, Julmond oder Wintermonat genannt.

Als einziger Monat hat der Dezember keine verworfenen Tage.

Weißer Dezember, viel Kälte darein,
bedeutet, das Jahr soll fruchtbar sein.

Je dunkler es überm Dezemberschnee war,
desto mehr leuchtet Segen im künftigen Jahr.

Kalt' Dezember und fruchtbar' Jahr
sind vereinigt immerdar.

Dezember kalt mit Schnee,
tut dem Ungeziefer weh.

Dezember kalt mit Schnee –
niemand sagt oweh.

Dezemberwärme hat Eis dahinter.

Dezember warm –
daß Gott erbarm.

Wenn der Nord zu Vollmond tost,
folgt ein langer, harter Frost.

Rauhfrost auf der Flur
milder Witt'rung Spur.

Fällt auf Eligius (1. Dez.) ein kalter Wintertag,
die Kälte noch 4 Monde dauern mag.

Regnet's am Bibianatag (2. Dez.),
regnet's 40 Tage und 1 Woche danach.

Geht Barbara (4. Dez.) im Klee,
kommt's Christkind im Schnee.

Auf Barbara (4. Dez.) die Sonne weicht,
auf Luzia (13. Dez.) sie wieder herschleicht.

Regnet's an St. Nikolaus (6. Dez.),
wird der Winter streng und graus.

Dezember veränderlich und lind,
der ganze Winter wird ein Kind.

Fließt Nikolaus (6. Dez.) noch der Birkensaft,
dann kriegt der Winter keine Kraft.

Kommt die heilige Luzia (13. Dez.),
findet sie schon Kälte da.

Entsteigt Rauch gefrorenen Flüssen,
ist auf lange Kält' zu schließen.

Wenn Luziä (13. Dez.) die Gans geht im Dreck,
so geht sie am Christtag auf Eis.

Ist St. Lazar (17. Dez.) nackt und bar,
wird ein gelinder Februar.

Donner im Dezember zumal
bringet uns der Kälte Qual.

Am Thomastag (21. Dez.) wächst
der Tag um einen Hahnenschritt.

Herrscht im Advent recht strenge Kält',
sie volle achtzehn Wochen hält.

Wenn St. Thomas (21. Dez.) dunkel war,
gibt's ein schönes neues Jahr.

Mit Thomas (21. Dez.) der Tag zu wachsen beginnt,
und das Wasser knochenhart gerinnt.

Je tiefer der Schnee,
um so höher der Klee.

Ist's in der Heiligen Nacht hell und klar,
so gibt's ein segenreiches Jahr.

Wie's Adam und Eva (24. Dez.) spend't,
bleibt das Wetter bis zum End'.

Wenn's Christkindlein (24. Dez.) Tränen weint,
vier Wochen keine Sonne scheint.

Bis Weihnachten juchhe,
nach Weihnacht oweh.

Bis Weihnachten gibt es Speck und Brot,
nachher kommt Kält' und Not.

Ist's an Weihnachten kalt,
ist kurz der Winter,
das Frühjahr kommt bald.

Ist Weihnachten gelind,
im Januar die Kälte beginnt.

Hängt zu Weihnacht Eis von den Weiden,
kannst du zu Ostern Palmen schneiden.

Je dicker das Eis um Weihnacht liegt,
je zeitiger der Bauer Frühling kriegt.

Wenn's auf Weihnacht ist gelind,
sich noch viele Kält' einfindt.

Wenn man den Winter soll loben,
so muß er frieren und toben.

Vom Eise eine Brücke muß
zu Weihnacht haben Bach und Fluß.

Besser, die Weihnachten knistern,
als daß sie flüstern.

Grüne Weihnachten – weiße Ostern.

Im Dezember sollen Eisblumen blühn,
Weihnachten sei nur auf dem Tische grün.

Ist es grün zur Weihnachtsfeier,
fällt der Schnee auf Ostereier.

Wie sich die Witterung vom Christtag
bis Heiligdreikönig verhält,
so ist das ganze Jahr bestellt.

Steckt die Krähe zu Weihnacht im Klee,
sitzt sie zu Ostern oft im Schnee.

Wenn Weihnachten der Mond zunimmt,
dann ist das Jahr drauf gut gesinnt.

Nach Weihnachten kommt Fasten.

Trockener Dezember –
trockenes Frühjahr.

Haben's die unschuldig Kindlein (28. Dez.) kalt,
so weicht der Frost noch nicht so bald.

Auf kalten Dezember mit tüchtigem Schnee
folgt ein fruchtbar' Jahr mit reichlichem Klee.

Auf Regen und Wind im Dezember
folgt ein milder Januar.

Wie der Dezember,
so der Lenz.

Wenn's jetzt nicht wintert,
sommert's auch nicht.

Die Erde soll ihr Schneekleid haben,
soll sie der Winterschlaf auch laben.

Donnert's im Dezember gar,
kommt viel Wind das nächste Jahr.

Viel Wind und Nebel in Dezembertagen
schlechten Frühling und schlechtes Jahr ansagen.

Wie der Dezember pfeift,
so tanzt der Juni.

Spielen zu Weihnachten die Mücken,
wird sie zu Johannes (24. Juni) die Kälte zwicken.

So kalt wie im Dezember –
so heiß wird's im Juni.

Der Frost soll klirren,
dann macht der Sommer kein Wirren.

Der Natur auf der Spur

Viele Wetterregeln beziehen sich auf das Verhalten von Tieren. Die Vögel sind für den Bauern die hilfreichsten Tiere für die Einschätzung des Wetters. Niedrigen Luftdruck kann man nicht sehen, auch nicht, ob Insekten an einem Tag höher oder tiefer fliegen. Aber die Schwalbe, die diese Insekten fängt, ist weithin sichtbar und somit dem Bauern ein Indiz für kommenden Regen oder Sonnenschein. Ankunft und Abreise der Zugvögel geben weitere Hinweise über Bevorstehendes. Die Vögel registrieren im Herbst die ersten Kälteeinbrüche, die von Norden her ins Land kommen, und reagieren darauf. Ziehen die Vögel früh in einem Jahr, muß das nicht unbedingt auf einen strengen, kalten Winter verweisen, ganz sicher aber auf einen langen. In früheren Zeiten wurden die Futtervorräte oft in normalen Wintern schon knapp. Deutete sich also ein langer Winter an, mußte man sich verstärkt um Vorräte bemühen. Kehren die Zugvögel früh aus ihren Winterquartieren zurück, so ist das ein Zeichen für die Beständigkeit des Frühlings.

Aber auch die Beobachtung der Waldtiere, der Insekten und Spinnen auf den Wiesen und der Frösche am Bachrand lohnt, will man das kommende Wetter und den Jahreszeitenwechsel einschätzen.

Solange der Kiebitz nicht weicht,
ist milde Witterung angezeigt.

Kiebitz tief und Schwalbe hoch,
bleibet trocken Wetter noch.

Wenn die Mücken heute tanzen und spielen,
sie das morgige gute Wetter fühlen.

Steigt die Lerche hoch,
singt sie lange hoch oben,
habt bald ihr das lieblichste Wetter zu loben.

Singt die Grasmücke, eh' treiben die Reben,
will Gott ein gutes Jahr uns geben.

Kraniche, die niedrig ziehn,
deuten auf warmes Wetter hin.

Ameis' und Spinne auf allen Pfaden,
dann wird das Wetter gut geraten.

Wenn die Fledermäuse abends herumfliegen,
so folgt ein anhaltend gutes Wetter.

Die Mücken tanzen,
es gibt gut Wetter.

Wenn die Schnecke ein grünes Blatt mit sich führt,
es gewiß gut Wetter wird.
Beladet sie sich mit Grund,
so tut sie starken Regen kund.

Wenn Spinnen fleißig weben im Freien,
läßt sich dauernd schön Wetter prophezeien;
weben sie nicht, wird's Wetter sich wenden,
geschieht's bei Regen, wird er bald enden.

Gräbt sich der Hamster tief hinein,
wird bald schlechtes Wetter sein.

Wenn der Kuckuck zu den Häusern fliegt,
wenn die Rotschwänzchen herumfliegen,
die Schwalben niedrig fliegen,
wird schlechtes Wetter.

Wenn die Mücken stechen,
gibt es Regen.

Bellt der Fuchs im grünen Wald,
stellt sich ein der Regen bald.

Wenn die Vögel putzen die Federn,
wollen sie den Regen ködern.

Wenn die Pirole emsig kreischen,
wird bald Regen niederträufeln.

Wenn die Schwalben das Wasser im Fluge berühren,
so ist der Regen zu spüren.

Lassen die Frösche sich hören mit Knarren,
wirst du nicht lange auf Regen harren.

Siehst den Storch viel waten,
kannst auf Regen raten.
Auch bedeutet's Regen noch,
ziehn die Mäuse sich zu Loch.

Wenn die Roßkäfer am Morgen fliegen,
werden wir mittags Regen kriegen.

Wenn die Finken vor Sonnenaufgang singen,
wird der Tag wohl Regen bringen.

Eine Elster allein ist schlechten Wetters Zeichen,
doch fliegt das Elsternpaar, wird's schlechte Wetter
weichen.

Wenn der Laubfrosch schreit,
ist der Regen nicht weit.

Reißt die Spinne ihr Netz entzwei,
kommt ein Regen bald herbei.

Wenn die Krähen schrein,
stellt sich Regen ein.

Wenn der Maulwurf sein Loch grabt tief,
so der Frosch um Regen rief.

Froschkonzert am Abend –
wird das Wetter labend.

Wenn die Mücken im Schatten spielen,
werden wir bald Regen fühlen.

Wenn die Kröten fleißig laufen,
wollen sie bald Regen saufen.

Wenn die Vögel mit ihrem Fette
die Feder schmieren, dann mach ich die Wette,
daß aus dem Garten und Wald auch, Herr Vetter,
gar bald verschwindet das garstige Wetter.

Geht der Fisch nicht an die Angel,
ist an Regen bald ein Mangel.

Kreisen Dohlen in der Luft,
kommt Wind.

Wenn der Klee aufrecht steht,
bald ein Sturm darübergeht.

Bevor es Sturm gibt,
schreien die Gimpel.

Wenn die Möwen nach dem Lande fliegen,
werden wir Sturm kriegen.

Kriecht die Spinne vom Netz zum Loch,
gibt's am Tag Gewitter noch.

Wenn eine Amsel im Haus,
so bleibt der Blitz daraus.

Stechen böse Fliegen,
werden wir Gewitter kriegen.

Wenn die Schwalben fischen,
bald Gewitter zischen.

Ist die Spinne träg zum Fangen,
Gewitter bald am Himmel hangen.

Wenn die Schlammspreizker aus dem Wasser wollen,
wird bald ein Gewitter rollen.

Schwalben tief im Fluge –
Gewitter kommt zum Zuge.

Springende Fische
bringen Gewitterfrische.

Wenn die Füchse bellen und die Wölfe heulen,
wird die große Kält' noch lange weilen.

Wenn die Eiche Blätter kriegt,
ist der Frost gewiß besiegt.

Wenn an Neujahr die Sonne uns lacht,
gibt es viele Fische in Fluß und Bach.

Gutes Fischjahr –
schlechtes Fruchtjahr.

Wenn der Maulwurf wirft im Januar,
währt der Winter bis zum Mai wohl gar.

Wirft der Maulwurf recht spät erst die Haufen,
siehst du im Januar schon Mäuslein laufen.

Je näher die Hasen dem Dorfe rücken,
desto ärger sind des Eismonds Tücken.

Haben die Hasen ein dickes Fell,
wird der Winter ein harter Gesell.

Schwacher Balg am Wilde
zeigt an des Winters Milde.

Tanzen im Januar die Mucken,
muß der Bauer nach dem Futter gucken.

Wenn die Mücken spielen im Januar,
so sind die Schafe in großer Gefahr.

Auf Pauli Bekehr (25. Jan.)
kommt der Storch wieder her.

Mückenspiel im Januar –
wird das Wiesenfutter rar.

Singt die Lerche im Hornung schon hell,
geht's dem Bauern an das Fell.

Wenn im Februar die Lerchen singen,
wird's uns Frost und Kälte bringen.

Wenn die Drossel schreit,
ist der Lenz nicht weit.

Wenn die Grasmücken fleißig singen,
werden sie zeit'gen Lenz uns bringen.

Um Lichtmeß (2. Feb.) Lerchengesang
macht um den Lenz nicht bang.

Sonnt sich der Dachs in der Lichtmeßwoche (2. Feb.),
geht er auf vier Wochen wieder zu Loche.

Findet der Storch St. Petri (22. Feb.) offen den Bach,
kommt keine Frostdecke nach.

Auf St. Petri Fest (22. Feb.)
sucht der Storch sein Nest,
von den Schwalben kommt der Rest.

Steigt die Lerche nur stumm und nicht hoch,
kommt ein nasser Frühling noch.

Hüpfen im Hornung Eichhörnlein und Finken,
siehst du schon den Frühling winken.

Kommt die Weihe gezogen,
so ist der Winter verlogen.

Früher Vogelsang
macht den Winter lang.

Matthias (24. Feb.) hab ich lieb,
gibt dem Baum den Trieb.

Singt die Amsel im Februar,
bekommen wir ein teures Jahr.

Wirft der Hirsch erst spät sein Geweih,
lauert er, daß es im März noch schnei'.

Wenn im Februar die Mücken schwärmen,
muß man im März die Ohren wärmen.

Wenn im Hornung die Schnaken geigen,
müssen sie im Märzen schweigen.

Wenn die Ameisen sich zeigen,
ist vorbei des Winters Reigen.

Tummeln die Krähen sich noch,
bleibt noch des Winters Joch.
Wenn sie vom Felde verschwinden,
wird sich bald Wärme finden.

Ammer und Haubenlerche
sagen, der Winter ist hinterm Berge.

Eine Lerche, die singt,
noch keinen Sommer bringt;
doch rufen Kuckuck und Nachtigall,
so ist es Sommer überall.

Schlägt im Märzengrün der Fink,
ist das ein gefährlich' Ding.

Wenn der Froschlaich im Lenz tief im Wasser war,
auf trockenen Sommer deutet das;
liegt er flach nur oder am Ufer gar,
dann wird der Sommer besonders naß.

Wenn im März die Kraniche ziehn,
werden bald die Bäume blühn.

Wenn im März der Kuckuck schreit,
der Storch klappert,
und die wilde Gans zieht ins Land,
so gibt's einen Frühling
im Hochzeitsband.

An Gregor (12. März) kommt die Schwalbe
über des Meeres Port,
an Benedikt (21. März) sucht sie im Haus ’nen Ort,
an Bartolomä (24. Aug.) ist sie wieder fort.

Bekannt ist, daß auf Gertrudfest (17. März)
der Storch besucht sein altes Nest.

An Mariä Verkündigung (25. März)
kommen die Schwalben wiederum.

Wenn im März die Veilchen blühn,
an Ludwig (25. Aug.) schon die Schwalben ziehn.

Frösche zu Anfang April
bringen den Teufel ins Spiel.

Je früher im April der Schlehdorn blüht,
desto früher der Schnitter zur Ernte zieht.

Bauen im April schon die Schwalben,
gibt’s viel Futter, Korn und Kalben.

Kommt Tiburtius (14. April) mit Sang und Schall,
bringt er Kuckuck und Nachtigall.

Solang die Frösche quaken vor Markustag (25. April),
solange schweigen sie danach.

Kommt der Storch schon im April,
weiß man nicht, was er hier will.

Quaken die Frösche im April,
noch Sonne und Regen kommen will.

Im April muß der Holunder sprossen,
sonst wird des Bauern Mien' verdrossen.

Kommt die wilde Ent',
hat der Frühling ein End'.

Maikäfer, die im April schwirren,
müssen im Mai erfrieren.

Grünt die Eiche vor der Esche,
hält der Sommer große Wäsche;
grünt die Esche vor der Eiche,
hält der Sommer große Bleiche.

Wenn im Mai die Wachteln schlagen,
künden sie von Regentagen.

Schöne Eichblüt' im Mai
bringt ein gutes Jahr herbei.

Wenn im Mai die Bienen schwärmen,
sollte man vor Freude lärmen.

Blüht im Mai der Maulbeerbaum,
gibt's Kälte und Frost noch kaum.

Wenn die Johanniskäfer hell leuchten im Garten,
dann ist gutes Wetter zu erwarten.

St. Vit (15. Juni) bringt die Fliegen mit.

Die Nachtigalle singt
nur bis Vitustag (15. Juni).

Wenn's im Juli gibt hohe Ameisenhaufen,
so magst du nach Holz für den Winter laufen.

Ist Jakobus (25. Juli) am Ort,
ziehn die Störche bald fort.

Werfen die Ameisen an St. Anna (26. Juli) höher auf,
so folgt ein strenger Winter drauf.

Wildgänse auf offenem Wasser -
der Sommer wird ein nasser.

Wenn die Eichäpfel innen naß befunden,
sie einen nassen Sommer bekunden.

Kommt Laurentius (10. Aug.) her,
wächst das Holz nicht mehr.

Wenn die Seeschwalben auf Sandbänken bauen,
kann man auf trockenen Sommer trauen.

Wenn der Kuckuck im August noch schreit,
gibt's im Winter teure Zeit.

Wenn die Schwalben im August schon ziehn,
sie vor naher Kälte fliehn.

Bleiben die Störche noch nach Bartholomä (24. Aug.),
kommt ein Winter, der tut nicht weh.

Wenn die Störche zeitig reisen,
kommt ein Winter von Eisen.

Wie der Hirsch Ägidius (1. Sept.)
in die Brunftzeit gehen muß,
wird er zu Michei (29. Sept.)
davon wieder frei.

Um Mariä Geburt (8. Sept.)
fliegen die Schwalben furt;
bleiben sie noch da,
ist der Winter nicht nah.

St. Gorgon (9. Sept.)
treibt die Lerchen davon.

Matthäus (21. Sept.) packt die Bienen ein.

Stehn zu Michael (29. Sept.) die Fische hoch,
kommt viel schönes Wetter noch.

Blühn die Disteln reich und voll,
ein schöner Herbst dir blühen soll.

Ziehn die Vögel vor Michael (29. Sept.),
blickt von fern der Winter scheel.

Sind Zugvögel nach Michaelis (29. Sept.) noch hier,
haben bis Weihnachten lind' Wetter wir.

Wenn Michael (29. Sept.) viel Eicheln bringt.
Weihnachten die Felder mit Schnee dann düngt.

Viel Eicheln im September –
viel Schnee im Dezember.

Willst du sehen, wie das Jahr geraten soll,
so merke folgende Lehre gar wohl:
Nimm wahr der Eichäpfel Michaelistag (29. Sept.),
an welchen man das Jahr erkennen mag:
Haben sie Spinnen, so folgt kein gutes Jahr;
haben sie Fliegen, so zeigt's ein Mitteljahr fürwahr;
haben sie Maden, so wird das Jahr gut;
ist nichts drin, so hält der Tod die Hut.

Wenn im September viel Spinnen kriechen,
sie einen harten Winter riechen.

Ziehen die wilden Gänse weg,
fällt der Altweibersommer in 'nen Dreck.

Kommt die Feldmaus Oktober ins Dorf,
sorge für Holz und Torf.

An Allerheiligen (1. Nov.) geh' in den Wald,
nimm von der Birke einen Span,
und da siehst du es ihm gleich an,
ob der Winter warm ist oder kalt:
Ist der Span trucken,
wird ein warmer Winter anrucken;
aber ist er naß genommen,
wird ein kalter Winter kommen.

Halten Birk und Weid ihr Wipfellaub lange,
ist zeit'ger Winter und gut Frühjahr im Gange.

Ist um St. Martin (11. Nov.) der Baum schon kahl,
macht der Winter keine Qual.

Wenn das Laub nicht vor Martini (11. Nov.) abfällt,
sich ein harter Winter lange hält.

Wenn's Laub spät fällt,
folgt starke Kält'.

Werden die Blätter früh welk und krumm,
so sieh dich nach deinem Ofen um.

Viele Buchnüsse und Eicheln,
dann wird der Winter nicht schmeicheln.

Wenn die Blätter abfallen beizeit,
verspricht's auf Jahre viel Fruchtbarkeit.

Läuft viel herum die Haselmaus,
bleibt Schnee und Eis noch lange aus.

Laufen die Haselmäuse,
fehlt's im Januar am Eise.

Fällt's Buchenlaub früh und schnell,
wird der Winter streng und hell.

Je stärker die Bäume im Walde knacken,
je härter wird der Winter packen.

Wenn die Bäume zweimal blühen,
wird der Winter sich lang hinziehen.

Gewitter überm kahlen Baum –
langer Wintertraum.

Fällt das Laub zeitig,
wird der Winter eisig.

Fließt im Dezember noch der Birkensaft,
kriegt der Winter keine Kraft.

Wenn der Eichbaum lange sein Laub behält,
dann folget im Winter meist strenge Kält'.

Das gute Wetter reißt bald aus:
Wenn früh rumort und pfeift die Maus,
wenn's Vöglein ängstlich heimwärts zieht
und flink ins Nestchen schlüpft,
wenn Kräh' und Rabe krächzend fliegt,
die Henne im Sande wühlt, die Taube sich badet
und die Schwalbe über dem Wasser sich wiegt,
wenn der Esel im Grase sich dreht,
und man an den Stichen der Mücke vergeht,
wenn Spinne ihr Netz nicht weiterbaut,
sich verkriecht und es mit dem Rücken anschaut.

Je näher die Hasen dem Dorfe rücken,
desto ärger des Winters Tücken.
Sind die Drosseln noch da,
ist er noch nicht so nah.

Wenn die Bucheckern geraten wohl,
Nuß- und Eichbaum hängen voll,
so folgt ein harter Winter drauf,
es kommt der Schnee mit großem Hauf'.

Saat ...

Der Ernte geht die Saat voraus. Der rechte Zeitpunkt ist dabei entscheidend. Die Saat braucht Feuchtigkeit und Wärme, wenn sie gut aufgehen soll. Ein später Frost oder eine Trockenperiode können den Erfolg schon schmälern. Daher gibt es eine ganze Anzahl von Regeln, die beschreiben, welche Auswirkungen Regen, Schnee oder Sonne auf die Saat haben. Viele davon benennen Aussaattermine und zwar meist in Verbindung mit Heiligen-Namenstagen. Das bedeutet aber nicht, daß man glaubte, der oder die eine Heilige sei speziell zuständig für Möhren oder für Getreide. Auch kann man sicher sein, daß der erfahrene Bauer sich das Wetter und sein Feld anschaute und seine Entscheidungen zur Aussaat danach ausrichtete. Diese Regeln waren nicht als Gebrauchsanweisung gedacht, sondern als eine Richtschnur. So wurde sicherlich auch nicht von allen Bauern gleichermaßen an einem bestimmten Tag ausgesät. Und schaut man sich zum Beispiel den St. Benedikt (21. März) an, dann weiß man, daß man das alles gar nicht an einem Tag schaffen könnte. Man faßte das zusammen, was in einem Zeitraum von Tagen, vielleicht Wochen, passieren mußte und wies diese Arbeit einem Heiligen-Namenstag zu. Und es läßt sich mit manchen Namen halt gar so schön reimen.

Kauf' guten Samen –
das ist schon ein Amen.

Schlummert im milden Januar das Grün,
so wird zeitig der Garten blühn.

Regen im Januar –
bringt der Saat Gefahr.

Sturm und Frost an Fabian (20. Jan.)
ist den Saaten wohlgetan.

Geht die Sonne am Fastnachtsdienstag frühe auf,
so gerät die Frühsaat, merk wohl darauf.

Schnell gesät
ist besser als zu spät.

Säet einer Spreu,
ist's mit der Kornernte vorbei.

Fastnachtsschnee
tut der Saat weh.

Hat St. Peter (22. Feb.) das Wetter schön,
soll man Kohl und Erbsen sä'n.

Kommt die Gerste trocken in die Erd',
ist ein großer Segen dir beschert.

Schmilzt der letzte Schnee,
streue deinen Klee.

Ist die Krähe nicht mehr weit,
wird's zum Säen hohe Zeit.

Wenn du säst ins freie Land
vor und nach des Neumonds Stand,
wächst kein Unkraut und kein Band.

St. Petri (22. Feb.) du Kohl pflanzen sollst,
weil dann vor Raupen du ihn schonst.

Säst du im März zu früh,
ist's oft vergebene Müh.

Siehst du im März gelbe Blumen im Freien,
kannst' getrost den Samen streuen.

Märzenschnee –
tut den Saaten weh.

Wenn die Birke Kätzchen hat,
ist es Zeit zur Gerstensaat.

Legst du mich (Kartoffel) im März,
treibst du mit mir Scherz.
Legst du mich im April,
komm ich, wann ich will.
Legst du mich im Mai,
komm ich eins, zwei, drei!

Wer dicke Bohnen und Möhren will essen,
darf St. Gertraud (17. März) nicht vergessen.

Bohnen leg so flach,
daß sie hörn den Glockenschlag.

Ist St. Gertrud (17. März) sonnig,
wird's dem Gärtner wonnig.

Willst du Gerste, Erbsen, Zwiebeln dick,
dann sä' sie an St. Benedikt (21. März).

St. Benedikt (21. März)
macht die Möhren dick.

An St. Benedikt (21. März) acht wohl,
daß man Hafer säen soll.

Wasser auf der Wintersaat
schadet nicht vor, aber nach Marien (25. März).

Lein, gesät Marientag (25. März),
wohl dem Nachtfrost trotzen mag.

Sollen die Saaten gut gedeihn,
muß die Erde im April trocken sein.

Erbsen säe Ambrosius (4. April),
so tragen sie reich und geben gut Mus.

Gründonnerstag pflanz Myrthe ein,
dann wird sie dir zur Freud' gedeihn.

Wer sehr gerne Erbsen mag,
säe am Gründonnerstag.

Aaron und Justin (7. April)
helfen den Hafer ziehn.

An Ezechiel (10. April)
geht der Lein nicht fehl.

Daniel (16. April)
zum Erbsensäen wähl.

Wenn das Buchenlaub kommt zum Schein,
dann, Bauer, säe deinen Lein.

Mairegen auf Saaten –
dann regnet es Dukaten.

Blumenkohl im Mai
gibt Köpfe wie ein Ei.

Wer Hafer sät im Mai,
der hat viel Spreu.

Wenn sich naht St. Stanislaus (8. Mai),
rollen die Kartoffeln raus.

Bohnen lege dir erst an,
ist vorbei St. Gordian (10. Mai).

Vom 8. bis 14. Mai
müssen Bohnen und Gurken in den Boden nei'.

Bonifazius (14. Mai)
man keine Gerste säen muß.

Sophie (15. Mai) –
Flachs wächst bis ans Knie.

Kalte Sophie (15. Mai) sät Lein –
zu gutem Gedeihn.

Lein, gesäet Sophientag (15. Mai),
stets vortrefflich wachsen mag,
säet man ihn Vormittag;
doch gesät am Nachmittag,
nur ein Knötlein gibt Ertrag.

Helene (22. Mai) –
wächst der Flachs gar schöne.

Wenn Urbani (25. Mai) vor der Türe steht,
wird von klugen Bauern Flachs gesät.

St. Urban (25. Mai) säe Flachs und Hanf.

Auf Urban (25. Mai) muß man dicke Bohnen legen,
so gedeihen sie zum Segen.

An Urban (25. Mai)
die Hirse gut geraten kann.

Regnet's an St. Vit (15. Juni),
gerät die spät gesäte Gerste nit.

Wer säet nach Vit (15. Juni),
geht der Saat und Ernte quitt.

An St. Kilian (8. Juli)
säe Rüben an.

Margarete (20. Juli)
bringt den Flachs auf Beete.

Wer Rüben will, recht gut und zart,
sä sie an Mariä Himmelfahrt (15. Aug.)

Bartholomä (24. Aug.) –
wer Korn hat, der sä',
wer Gras hat, der mäh',
wer Hafer hat, der rech',
wer Äpfel hat, der brech'.

Septemberregen
für Saat ein Segen –
dem Bauern gelegen.

Septembersaat
gibt dicke Mahd.

Geht der Hirsch in die Brunft,
so säe Korn und Vernunft.

Wenn St. Ägidius (1. Sept.) bläst ins Horn,
so heißt es: Bauer, sä' dein Korn.

Wer Korn schon um Ägidi (1. Sept.) sät,
nächstes Jahr viel Frucht abmäht.

Willst du Korn im Überfluß,
sä' es an Ägidius (1. Sept.).

Wird Marien Geburt (8. Sept.) gesät,
ist's nicht zu früh und nicht zu spät.

Wenn Maria, die Jungfrau, geboren ist (8. Sept.),
so säe dein Korn, 's ist die rechte Frist.

Maria geborn (8. Sept.) –
Bauer sä' Weizen und Korn.

Tritt Matthäus (21. Sept.) ein,
muß die Saat beendet sein.

Auf St. Michael (29. Sept.) beende die Saat,
sonst wirst du's bereuen zu spat.

An St. Gall' (16. Okt.)
flieg auf den Berg und sä' im Tal.

In der Galluswoche (16. Okt.) darf
kein Roggen gesäet werden.

Am St. Lukastag (18. Okt.) soll das Korn
schon in die Stoppeln gesät sein.

Wer um St. Lukas (18. Okt.) Roggen streut,
es nicht in nächster Ernt' bereut.

Wer Weizen säet am Simonstage (28. Okt.),
dem trägt er goldne Ähren, ohne Frage.

Wenn Simon Jude (28. Okt.) schaut,
so pflanze Bäume, schneide Kraut.

… und Ernte

Die Ernte zeigt dem Bauern, wie erfolgreich sein Jahr gewesen ist. Er hat übers Jahr viel Kraft und Arbeit investiert, um die bestmöglichen Voraussetzungen für einen guten Abschluß zu geben. Dabei hat er natürlich immer mit dem Wetter zu rechnen, auf das er aber überhaupt keinen Einfluß hat. Wie schrecklich muß es sein, seine Ernte durch einen schweren Hagel im Juni verderben zu sehen. Früher konnte man durch ein einziges schlechtes Jahr nicht nur sein ganzes Hab und Gut verlieren, auch Hungersnöte drohten dann schnell. Kein Wunder also, daß sich so viele Bauernregeln mit den Auswirkungen des Wetters auf den Ertrag befassen. Zuviel Regen zur einen Zeit, zuwenig zur anderen, zuviel Kälte oder zu frühe Wärme, Pilzbefall, Mehltau, zu viele Schädlinge nach einem milden Winter – so vieles kann die Ernte beeinträchtigen.

Wie bei den Saatregeln werden auch hier Termine genannt, zu denen die Ernte abgeschlossen sein sollte. Der 24. Juni, der Johannistag, markiert z.B. das traditionelle Ende der Spargelzeit, was aber nicht heißen soll, daß nicht auch noch einige Tage später die Spargelbauern auf dem Markt ihre Ernte feilbieten.

Wo der Acker braun,
ist reiche Frucht zu schaun.

Wenn der Boden ruht,
gedeiht das Unkraut gut.

Alltäglicher Regen ist ungelegen;
zuweilen ein Regen ist ein Segen.

Willst du reichlich Erbsen kriegen,
laß ein Schaf dazwischen liegen.

Knochen, Bein und Haar
düngen hundert Jahr.

Wer spärlich seinen Acker düngt,
der weiß schon, was die Erde bringt.

Wer den Dünger schont,
dem wird schlecht gelohnt.

Wenn Ostwind lange weht,
ein teuer Jahr entsteht.

Blüht der Stock im vollen Licht,
große Beeren er verspricht.

Ein Tag Regen tränkt sieben dürre Wochen.

Ohne Nebel gibt es kein Grünfutter.

Stroh macht die Felder froh,
Laub macht die Äcker taub.

Düng' auch die Wiesen,
damit sie sprießen.

Was stinkt,
das düngt.

Ein Regenjahr ist kein Segenjahr.

Gewitter ohne Regen
ist ohne Segen.

Sonnenschein und Regen
bringt dem Menschen Segen.

Es ist umsonst das Feld bestellt,
wenn keine Sonne es erhellt.

Halber Mist genügt,
wenn man im Sommer pflügt.

Dem Düngewagen
soll gleich der Pflug nachjagen.

Regenjahr – Notjahr;
Schneejahr – Brotjahr.

Wer Unkraut nur ein Jahr läßt stehn,
kann sieben Jahre jäten gehn.

Neblig Jahr – macht fruchtbar gar.

Je mehr Kohl, je weniger Heu -
diese Regel ist nicht neu.

Nach Schnee und Regen
kommt Segen.

Wenn die Bohnen üppig geraten,
geraten auch trefflich die anderen Saaten.

Nachts Regen, Tages Sonne
füllet Scheuer, Sack und Tonne.

Je mehr Donnerwetter,
desto fruchtbarer das Jahr.

Wenn's viel donnert und blitzt,
wenig Korn am Buchweizen sitzt.

Fällt im Winter viel Schnee
und bleibt er lange liegen,
dann gibt's ein gutes Jahr,
so hat man stets geschrieben.

Viel Regen, wenig Schnee
tut Äckern und Bäumen weh.

Was mühsam auf dem Feld geworben,
ist oft im Scheunenfach verdorben.

Die Neujahrsnacht hell und klar
deutet auf ein reiches Jahr.

Januar muß vor Kälte knacken,
wenn die Ernte soll gut sacken.

Regen im Januar – doppelte Keime,
aber nur halbe Frucht in der Scheune.

Reichlich Schnee im Januar,
macht Dung fürs ganze Jahr.

Hat der Januar viel Regen,
bringt's den Früchten keinen Segen;
nur die Gottesäcker werden gedüngt,
wenn er viel Regen bringt.

Im Januar Donnergroll
macht Kisten und Kästen voll.

Wenn der Januar trocken,
füllt sich der Speicher mit Roggen.

Heilige Drei König (6. Jan.) hochgeboren -
da haben die Äpfel den Geschmack verloren.

Wächst das Gras im Januar,
wächst es schlecht das ganze Jahr;
wächst die Frucht auf dem Feld,
wird sie teuer in aller Welt.

An Paulus Einsiedel (10. Jan.) Sonnenschein
bringt viel Korn und Wein.

Januar Schnee zuhauf –
Bauer, halt den Sack auf.

St. Pauli Bekehrung (25. Jan.) hell und klar,
so hofft man auf ein gutes Jahr.

Ein Januar wie März,
ist dem Bauer ein schlechter Scherz.

Kalter Februar
bringt ein gutes Jahr.

Ist der Hornung mäßig kalt,
keine gute Ernte fallt.

Lichtmeß (2. Feb.) hell und klar
gibt ein gutes Roggenjahr.

Friert es nicht im Hornung ein,
wird ein schlechtes Kornjahr sein.

An Agathe (5. Feb.) Sonnenschein
bringt viel Korn und Wein.

Der Eiszapfen um Fastnacht,
dem Flachs lange Zöpf macht.

Sind die Fasten trocken,
gibt's reichliche Brocken;
ist aber feucht und faul der März,
bekommt der Bauer ein schweres Herz.

Je größer der Staub im Märzen,
je schöner die Ernte der Erbsen.

Trockene Fasten
füllen die Kasten.

Im Märzen kalt und Sonnenschein –
wird die Ernte sehr gut sein.

Langer Schnee im März
bricht dem Korn das Herz.

Wenn im März die Winde wehen,
wird viel Korn im Felde stehen.

Wer seinen Mist will verscherz',
der muß fahren im März.

Trockener März –
erfreut des Bauern Herz.

Ein feuchter, fauler März
ist der Bauern Schmerz.

Regnet's stark zu Albinus (1. März),
macht's dem Bauer viel Verdruß.

Ist es im Märzen viel feucht,
bleiben die Kornböden leicht.

Viel Schnee, den uns der Lenz entfernte,
läßt zurück uns reiche Ernte.

Ist Kunigunde (3. März) tränenschwer,
dann bleibt gar oft die Scheune leer.

Läßt der März sich trocken an,
bringt er Brot für jedermann.

Ist es an Josephus (19. März) klar,
wird es ein gesegnet' Jahr.

Ein grüner März
erfreut kein Bauernherz.

Joseph (19. März) klar –
gutes Honigjahr.

Wenn's donnert in den März hinein,
wird der Roggen gut gedeihn.

Ist's an Mariä Verkündigung (25. März)
schön und hell,
gibt's viel Obst auf alle Fäll'.

Wenn der April Spektakel macht,
gibt's Heu und Korn in voller Pracht.

Der April
treibt sein Spiel,
treibt er's toll,
wird die Tenne recht voll.

Regen im April – jeder Bauer will.

April trocken
macht die Keime stocken.

Grüne Felder auf Tiburtiustag (14. April)
ziehen viel Getreide nach.

Läßt der April feuern,
füllen sich die Scheuern.

Nasser April – verspricht der Früchte viel.

Kommen am Palmtage die Palmen trocken nach Haus,
so kommen die Garben trocken in die Scheuer.

April naß und kalt,
wächst das Korn wie'n Wald.

Am Gründonnerstag und Karfreitag Regen
gibt selten Erntesegen.

Karfreitag Sonnenschein
bringt uns reichlich Früchte ein.

Wenn auf Ostertag die Sonne hell scheint,
der Bauer bei seinem Korn auf dem Speicher weint;
ist Ostertag ähnlich der Nacht,
er sich ins Fäustchen lacht.

Osterregen bringt magere Kost,
Ostersonne fette und reichliche.

Warmer Aprilregen – ist Gottes Segen.

Zu Georgi (23. April) soll ein Rabe sich
im Roggen verbergen können.

Des Aprilens Lachen
verdirbt des Landmanns Sachen.

Hohes Korn zu St. Jürgen (23. April)
wird viel Gutes verbürgen.

Wenn Nebel kommt beim Blühen,
macht Ernten nicht viel Mühen.

Fährt in die Blüte Donner und Blitz,
bewohnt jede Pflaume ein kleiner Fritz.

Zu St. Georg (23. April) ein Blütenmeer,
zu Matthäe (21. Sept.) die Körbe leer.

Der Reif in einer einz'gen Nacht
hat oft den Blüten Tod gebracht.

Bringt der April noch Schnee und Frost,
gibt's wenig Heu und sauren Most.

Auf St. Georgens (23. April) Güte
stehen alle Bäum' in Blüte.

Wenn's am Jörgentag (23. April) regnet,
gibt's keine Birnen.

Viel Schnee, den April entfernte,
läßt zurück eine reiche Ernte.

Wenn sich die Krähe auf Markustag (25. April)
im Roggenacker verstecken mag,
wird die Scheuer zu klein
für das Bäuerlein.

April, das ist der Mond,
in dem sich Spargelstechen nicht lohnt.

Regen auf Walpurgisnacht (30. April)
hat stets ein gutes Jahr gebracht.

Nasser April und kühler Mai
füllt die Speicher und macht viel Heu.

Mai, kühl und naß,
füllt dem Bauern Scheune und Faß.

Der Frost, der kommt im Mai'n,
ist schädlich dem Hopfen und Wein,
den Bäumen, dem Korn und dem Lein.

Wenn's Wetter gut am 1. Mai,
gibt es viel und gutes Heu.
Fällt Reif am 1. Mai,
bringt er im Feld viel Segen herbei.

Maimond kalt und windig
macht die Scheuer voll und pfündig.

Am 1. Mai -
fährt man den Ochsen ins Heu.

Ist der Mai recht heiß und trocken,
kriegt der Bauer kleine Brocken;
ist er aber feucht und kühl,
dann gibt's Frucht und Futter viel.

Regnet's am 1. Maientag,
viel Früchte man erwarten mag.

Der Maikäfer Menge
bedeutet der Schnitter Gedränge.

Je mehr die Maikäfer verzehren,
je mehr wird die Ernte bescheren.

Maikäferjahr – gutes Jahr.

Sind die Maikäfer und Raupen viel,
steht eine reiche Ernte am Ziel.

Wenn es am heiligen Kreuztag (3. Mai) regnet,
werden die Nüsse leer.

Maienregen, mild und warm,
tut den Früchten keinen Harm.

Viel Gewitter im Mai,
singt der Bauer Juchei.

Wenn's im Mai noch wittert,
für die Ernte zittert.

Wenn wir Regen an Pfingsten bekommen,
wird uns die ganze Ernte genommen.

Ein Jahr unfruchtbar sei,
wenn es viel donnert im Mai;
blühen aber die Eichen Ende Mai,
es ein gutes Schmalzjahr sei.

Pankraz (12. Mai) und Urbanitag (25. Mai)
ohne Regen
versprechen reichen Erntesegen.

Wie Urbanus (25. Mai) sich verhält,
so ist auch das Heuwetter bestellt.

Wer den Hafer nicht klotzt vor St. Urban (25. Mai),
der will wahrlich keinen Hafer han.

Ist es kalt an Petronell (31. Mai),
meßt den Flachs ihr mit der Ell'.

Maienstaub und Augustkot
machen teuer uns das Brot.

Auf Petronellentag (31. Mai) Regen,
wird sich der Hafer legen.

Auf den Juni kommt es an,
ob die Ernte soll bestan.
Juni, feucht und warm,
macht keinen Bauern arm.

Wenn im Juni Nordwind weht,
das Korn zur Ernte trefflich steht.

Wenn's am Medarditag (8. Juni) regnet,
so wird das Heugras vergiftet.

Ist der Juni warm und naß,
gibt's viel Korn und noch mehr Gras.

Medardus (8. Juni) Regen
bringt der Gerste keinen Segen.

Ist's auf Medardus (8. Juni) klar,
wird der Flachs wie ein Haar.

Juni kalt und naß,
läßt leer Scheuer und Faß.

Hat Margaret (10. Juni) keinen Sonnenschein,
dann kommt das Heu nie trocken ein.

Der Sichel vergiß nicht an Barnabas (11. Juni),
er sorget gern fürs längste Gras.

Soll gedeihen Korn und Wein,
muß im Juni Wärme sein.

Regen am St. Vititag (15. Juni)
die Gerste nicht vertragen mag.

Was es vor Johanni (24. Juni) regnet,
kommt dem Bauer in den Sack;
was es aber nach Johanni regnet,
geht wieder hinaus.

Johanni (24. Juni) trocken und warm,
macht den Bauern nicht arm.

Stich den Spargel nie
mehr nach Johanni (24. Juni).

Vor St. Johannistag (24. Juni)
man keine Gerste loben mag.

Regen am Johannitag (24. Juni)
gibt viele Körner in den Sack.

St. Johannis (24. Juni) Regengüsse
verderben die besten Nüsse.

St. Johann (24. Juni)
schlägt der erste Schnitter an.

Schön zu St. Paul (29. Juni)
füllt Tasche und Maul.

Peter Paul Purzel (29. Juni)
bricht dem Korn die Wurzel.

Nach Peter und Paul-Tag (29. Juni)
reift das Korn auch bei Nacht.

So golden die Sonne im Juli strahlt,
so golden sich der Roggen mahlt.

Wettert der Juli mit großem Zorn,
bringt er dafür reichlich Korn.

Julisonnenstrahl
gibt eine gute Rübenzahl.

Juliregen
nimmt den Erntesegen.

Wenn es im Juli im Sonnenschein regnet,
man vielem giftigen Mehltau begegnet.

Geht Mariä (2. Juli) übers Gebirge naß,
bleibt leer Scheune und Faß.

Wechselt im Juli stets Regen mit Sonnenschein,
so wird im nächsten Jahr die Ernte reichlich sein.

Mariä Heimsuchung (2. Juli) –
Mariä Heumachung.

Regen am Ulrichstag (4. Juli)
macht die Birnen wurmstichig.

Wenn's am Ulrichstag (4. Juli) donnert,
fallen die Nüsse vom Baum.

Kilian (8. Juli), der heilige Mann,
stellt die ersten Schnitter an.

Bringt Margarete (20. Juli) Regenzeit,
so verdirbt Most und Nuß weit und breit.

Wenn Margarete (20. Juli) Regen fällt ins Laub,
so fallen die Walnüsse ab,
und die Haselnüsse werden taub.

Die erste Birn' bricht Margaret (20. Juli),
drauf überall die Ernt' angeht.

Hat Margrit (20. Juli) keinen Sonnenschein,
dann kommt das Heu nicht trocken ein.

Julisonnenschein –
wird die Ernte reichlich sein.

Regnet's am Tage Elias (20. Juli),
gibt es viel Mehltau und Mäusefraß.

St. Margaret (20. Juli)
führt die Schnitter ins Korn.

Am Tage der heiligen Magdalen (22. Juli)
kann man schon volle Nüsse sehn.

Jakobi (25. Juli) bringt das Salz in die Erdäpfel.

Wenn der Jakobi (25. Juli) kommt heran,
man den Roggen schneiden kann.

Ist es drei Tage vor Jakobus (25. Juli) schön,
wird das Korn dauerhaft stehn.

Zu Jakoben (25. Juli)
wachsen die Rüben unten und oben.

Regnet's am Jakobitag (25. Juli),
kommt der schlechte Flachs noch nach.

Ist's vor Jakobi (25. Juli) drei Tag' geheuer,
so fährt das Korn man in die Scheuer.

An Jakobi (25. Juli) Regen –
stört den Erntesegen.

Im Juli den Regen entbehren müssen,
das hilft zu kräftigen Kernen in den Nüssen.

Im Juli will der Bauer lieber schwitzen,
als hinter dem Ofen sitzen.

Fällt an Jakobi (25. Juli) die Blüte vom Kraut,
wurden keine guten Kartoffeln gebaut.

Anna (26. Juli) warm und trocken,
macht den Bauer frohlocken.

Je dichter der Regen im August,
desto dünner wird der Most.

Wenn's an Oswald (5. Aug.) regnet,
wird teuer das Getreid'
und wären alle Berge
aus Mehl bereit'.

Auf einen nassen Sommer fürwahr
folgt Teuerung im nächsten Jahr.

Die Äpfel wern von Lorenzi (10. Aug.) g'salzen,
von Barth'lmä (24. Aug.) g'schmalzen.

Um Mariä Himmelfahrt (15. Aug.), das wisse,
gibt's die ersten Nüsse.

Der August muß Hitze haben,
sonst wird des Obstbaums Segen begraben.

Wenn St. Rochus (16. Aug.) trübe schaut,
kommt die Raupe in das Kraut.

Bartholomei (24. Aug.) –
schüttet Äpfel und Birnen ei.

Wächst der Roggen in die Stiegen,
wirst du viel Kartoffeln kriegen.

Bartholomä (24. Aug.) –
treibt das Kraut in die Höh'.

Wenn's Bartholomä (24. Aug.) regnet,
wird der Herbst trocken und die Kartoffel gesegnet.

Später Donner hat die Kraft,
daß er viel Getreide schafft.

Septemberregen
kommt der Saat entgegen.

Kommen die Raupen zu Mariä Geburt (8. Sept.)
in den Kohl,
so sterben sie gleich nachher wie toll.

Regnet's am St. Gorgonstag (9. Sept.),
geht die Ernte verloren bis auf den Sack.

Lamberti (17. Sept.) nimm Kartoffeln heraus,
doch breite ihr Kraut auf dem Felde aus;
der Boden will für seine Gaben
doch ihr Gerippe wiederhaben.

Die Rübe will gerüttelt sein,
wenn sie wirklich soll gedeihn.

Matthies (21. Sept.)
macht die Birnen süß.

Herbstgewitter bringen Schnee,
doch dem nächsten Jahr kein Weh.

Hedwige (15. Okt.)
gibt Zucker in die Rübe.

St. Gall' (16. Okt.)
ernt' die Rüben all.

Baumblüten, die im Herbste kommen,
haben künftigem Sommer die Frucht genommen.

Ist die Schwarzwurz gut gediehn,
kannst du bald den Pelz anziehn.

Wenn Gallus (16. Okt.) kommt, hau ab den Kohl,
er schmeckt im Winter trefflich wohl.

Auf St. Gallentag (16. Okt)
muß jeder Apfel in seinen Sack.

Auf St. Gallustag (16. Okt.)
nichts im Garten mehr bleiben mag.

Vor St. Gallus (16. Okt.) muß das Gartenwerk
im Keller sein,
daß es im nächsten Jahr, ehe der Kuckuck schreit,
bringt Samen ein.

St. Lukas (18. Okt.), Evangelist,
bringt Spätroggen ohne Mist.

Ursula (21. Okt.) räumt's Kraut rein,
sonst schneit's drein.

St. Ursel (21. Okt.), o Graus,
zieht die Bäume aus.

Wer den Acker im Herbst nicht stürzt,
hat seine Ernte zur Hälfte gekürzt.

Wer vor dem Winter pflügt sein Feld,
reiche Ernte als Lohn erhält.

Kält' und Kohl
vertragen sich wohl.

Novemberdonner hat die Kraft,
daß er viel Getreide schafft.

Kommt Martin (11. Nov.) heran,
so hat der gute Wirt das Dreschen getan.

Je mehr Schnee im November fällt,
um so fruchtbringender wird das Feld.

St. Katharinenschnee (25. Nov.)
tut dem Kohl und Samen weh.

Im November Mist fahren,
soll das Feld vor Mäusen bewahren.

Andreasschnee (30. Nov.)
tut Korn und Weizen weh.

Novemberschnee auf nassem Grund,
bringt gar schlechte Erntestund'.

Schau in der Andreasnacht (30. Nov.),
was für Gesicht das Wetter macht:
So wie es ausschaut, glaub's fürwahr,
bringt's gutes oder schlechtes Jahr.

Fahr im November deinen Mist,
denn wenn so überwintert ist,
dann ist der Mist des Bauern List.

Donnert's im Advent,
der Raps danach verbrennt,
der Wind und auch der Regen
wird sich so bald nicht legen.

Vor Advent den Donnerschlag
das Korn gar gut vertragen mag.

Wenn Winde wehen im Advent,
so wird uns viel Obst gesend't.

Dezember kalt mit Schnee
gibt Korn in jeder Höh'.

Ist's windig in den Weihnachtstagen,
sollen die Bäume viel Früchte tragen.

Wenn das Christkind (24. Dez.) ist geboren,
haben Möhren und Rüben den Geschmack verloren.

Klappern die Bäume von Eis
in den Weihnachtstagen,
so werden sie im nächsten Jahr
viele Früchte tragen.

Auf einen Winter, kalt und weiß,
folgt eine gute Ernte zumeist.

Scheint am Stephanstag (26. Dez.) die Sonne,
so gerät der Flachs zur Wonne.

Silvesterwind und warme Sonn'
verdirbt die Hoffnung auf Wein und Korn.

In Vino Veritas

Was wäre Deutschland ohne seinen Wein – und die Bauern, die ihn hervorbringen. Die Weinbauern, die Winzer, haben natürlich ihre Erfahrungen, Hoffnungen und Befürchtungen ebenso in kleine Reime oder Sinnsprüche gefaßt wie die Getreidebauern. Auch sie versuchten, übers Jahr Prognosen aufzustellen, wie der Wein im Herbst wohl werden würde. Während die anderen ihre Ernte schon im August eingefahren haben, müssen die Winzer auf den Oktober warten, bis sie wissen, ob sich ihre Mühe gelohnt hat.

Meist hat sie sich gelohnt, und so können die vielen Festtage im Jahr auch mit einem guten Glas Wein begangen werden. Denn

ein Schlückchen in Ehren
kann niemand verwehren.

Wenn jeder seinen Wein beschnitte,
keiner an faulen Reben litte.

Wenig Wasser – viel Wein,
viel Regen – wenig Wein.

Verblüht der Wein im Vollmondlicht,
er volle, fette Traub' verspricht.

Viel Naß – wenig im Faß.

Ließe der Himmel nicht Wasser regnen,
so wäre kein Wein.

Sind im Januar die Flüsse klein,
gibt's im Herbst einen guten Wein.

Im Jänner wenig Wasser, viel Wein;
bei viel Wasser wird es wenig sein.

Der Mond reift keine Trauben.

Ist Dreikönig (6. Jan.) hell und klar,
gibt's viel Wein in diesem Jahr.

Donnert es im Januar,
so mehret schnell der Fässer Schar.

St. Paulitag (25. Jan.) schön und Sonnenschein
bringt großen Segen an Frucht und Wein.

Ist der Januar gelind,
die Trauben im Oktober trefflich sind.

Bringt Martina (30. Jan.) Sonnenschein,
hofft man auf viel' Frücht' und Wein.

Maria (25. März) bindet die Reben auf,
nimmt auch ein' leichten Frost in Kauf.

Im Frühjahr Sonnenfinsternis
gibt wenig Wein, doch Korn gewiß.

Werden früh die Wiesen bunt,
labt ein edler Wein den Mund.

Donner im April
ist des Winzers Will'.

Aprilsturm und Regenwucht
künden Wein und gold'ne Frucht.

Regnet's in die Ostern hinein,
wird zu Wasser auch der Wein.

Sind die Trauben an St. Georgi (23. April) noch blind,
so sollen sich freuen Mann, Frau und Kind.

Regen im Anfang Maien
tut Reben und Früchten dräuen.

Kühler Mai – ist 'ne alte Regel –
beschert viel Arbeit für Kelter und Flegel.

Abendtau und kühl im Mai
bringt viel Wein und bringt viel Heu.

Die drei Azius (12.-14. Mai) ohne Regen,
sind für den Winzer großer Segen.

Ist St. Pankratius (12. Mai) schön,
wird guten Wein man sehn.

Nach Servaz (13. Mai) kommt kein Frost mehr,
der dem Weinstock gefährlich wär.

An Urban (25. Mai) und Pankrazius (12. Mai)
der Winzer die Ernte bemessen muß.

Wie Urbanus (25. Mai) das Wetter hat,
so findet's in der Lese statt.

St. Urban (25. Mai) hell und rein
segnet die Fässer ein.

Ist am Urbanstag (25. Mai) das Wetter schön,
so wird man volle Weinstöck' sehn.

Scheint am St. Urbanstag (25. Mai) die Sonne,
so gerät der Wein zur Wonne;
regnet's aber, so nimmt er Schaden
und wird selten wohlgeraten.

Pfingstregen
bringt Weinsegen.

Kalter Juniregen
bringt Wein und Honig keinen Segen.

Wenn auf Medardus (8. Juni) Regen herabschießen,
die Trauben den Rhein hinunterfließen.

Juni trocken mehr als naß
füllt mit gutem Wein das Faß.

Regnet's am St. Barnabas (11. Juni)
schwimmen die Trauben bis ins Faß.

Ist der Wein abgeblüht auf St. Vit (15. Juni),
so bringt er ein schönes Weinjahr mit.

O heiliger St. Veit (15. Juni), regne nicht,
daß es uns nicht an Obst und Wein gebricht.

Corporis Christi schön und klar –
guter Wein in diesem Jahr.

Regnet's an Peter und Paul (29. Juni),
wird die Weinernte faul.

Nur in der Juliglut
wird Obst und Wein dir gut.

Heißer Juli verheißt guten Wein.

Ein tüchtig' Juligewitter
ist gut für Winzer und für Schnitter.

Wie Juli und August sein,
so geratet der Wein.

Was die Hundstage (23. Juli–23. Aug.) gießen,
muß die Traube büßen.

Was Juli und August am Wein nicht vermocht,
das wird vom September nicht gargekocht.

Stellt im August sich Regen ein,
so regnet es Honig und guten Wein.

Wenn im August viele Goldkäfer laufen,
braucht der Wirt den Wein nicht zu taufen.

St. Lorenz (10. Aug.) mit heißem Hauch
füllt dem Winzer Faß und Schlauch.

Um Laurenzi (10. Aug.) Sonnenschein
bedeutet ein gut Jahr mit Wein.

Ist's hell um den Laurentiustag (10. Aug.),
viel Frücht' man sich versprechen mag;
jedoch schlechten Wein gibt's heuer,
wenn St. Lorenz ohne Feuer.

Nach Lorenzi (10. Aug.) ist's nicht gut,
wenn's Rebholz jetzt noch treiben tut.

Mariä Himmelfahrt (15. Aug.) klar Sonnenschein
bringt gern viel guten Wein.

Scheint an Maria Himmelfahrt (15. Aug.)
die Sonne hell nach ihrer Art,
so freuen sich des Winzers Reben,
um einen guten Trunk zu geben.

Scheint die Sonne fein und klar nach ihrer Art
an unserer lieben Frauen Himmelfahrt (15. Aug.),
so ist es ein gutes Zeichen bei den Leuten,
daß es wird viel guten Wein bedeuten.

Regen an St. Bartholomä (24. Aug.)
tut den Trauben weh.

Wenn Felix (30. Aug.) nicht glückhaft,
der Michel (29. Sept.) keinen Tischwein schafft.

Septemberregen wirkt wie Gift,
wenn er die reifen Trauben trifft.

Einer Rebe und einer Geiß
wird's im September nicht leicht zu heiß.

Matthies (21. Sept.)
macht die Trauben süß.

Ist an Matthäus (21. Sept.) Sonnenschein,
gibt es nächstes Jahr viel Wein.

Wenn Matthäus (21. Sept.) weint statt lacht,
aus dem Wein er Essig macht.

Gefriert der Wein um St. Michei (29. Sept.),
so soll er auch frieren im nächsten Mai.

Oktobersonne kocht den Wein,
und füllt auch große Körbe ein.

Wenn der Oktober nicht hilft,
so ist dem Winzer nicht zu helfen.

Oktobersaft (Wein) macht Brüderschaft.

St. Burkhardi (14. Okt.) Sonnenschein
schüttet Zucker in den Wein.

Zu Theres' (15. Okt.)
ist die Weinles'.

Frühes Klauben,
große Trauben.

Galliwein (16. Okt.) – Sauerwein,
Galliwein – Bauerwein.

Muß Gallus (16. Okt.) Buttenträger sein,
ist's schlechtes Zeichen für den Wein.

Kehrt Martin (11. Nov.) ein,
ist jeder Most schon Wein.

Martiniwein (11. Nov.) – saurer Wein.

Am Stephanstag (26. Dez.) muß es windstill sein,
sonst fällt die Hoffnung auf den Wein.

Wind in St. Silvesters Nacht,
hat nie Wein und Korn gebracht.

Das liebe Vieh

Was versteht man unter einem „richtigen" Bauernhof? Einen, auf dem auch Tiere zu sehen sind. Die Kühe auf der Weide, die Schweine im Stall, der Hahn auf dem Mist und eine Katze, die sich im Hof sonnt, dürfen in diesem Idyll nicht fehlen.

Die Tiere auf dem Hof bestimmen den Tagesablauf des Bauern. Egal ob Sonn- oder Feiertag, sie wollen gefüttert, gemolken, gepflegt werden. Ohne die Eier, die Milch, die Butter, den Käse und das Fleisch wäre der Speisezettel sehr arm. Darüber hinaus zeigt das Verhalten seiner Tiere dem Bauern, wie's Wetter wird. Das enge Zusammenleben von Mensch und Tier hat auch in den Bauernregeln Ausdruck gefunden. Neben Wetterregeln findet man hier Ratschläge für die richtige Pflege der Tiere. Das Schöne an diesen Sprüchen ist, daß dem Bauern ein größerer Ertrag in Aussicht gestellt ist, wenn er sein Vieh gut behandelt. In dieser Sammlung darf auch das Pferd nicht fehlen, das dem Bauern früher treulich diente.

Frißt der Hund viel grünes Gras,
gibt es bald von oben was.

Wenn den Hunden die Bäuch' knurren,
sie viel Gras essen und murren,
so bleibt der Regen
selten unterwegen.

Wenn die Katze sitzt am Feuer,
ist der Regen nicht geheuer.

Wenn die Katzen sich lecken und streichen,
das Vieh sich reibt den Hals, die Weichen,
dann sei der Himmel noch so schön –
der Regen kommt, das wirst du sehn.

Wenn die Katzen sich putzen,
gibt es gutes Wetter.

Siehst du die Katze gähnend liegen,
weißt du, daß wir Gewitter kriegen.

Januar –
macht die Butter rar.

Wenn Fabian (20. Jan.) tanzen die Mücken,
so muß man den Kühen das Futter bezwicken.

Wer pflegt sein Vieh,
den verläßt es nie.

Um Lichtmeß (2. Feb.) kalbt die Kuh,
dann legt das Huhn,
dann zickelt die Geiß,
dann macht der Bauer am allermeist.

Kein Kalb, kein Huhn zur Zucht gelingt,
wenn's Valentin (14. Feb.) zu Lichte bringt.

Abwechslung von Weide macht fette Kälber.

Wo eine Kuh knapp Futter hat,
werden noch immer zehn Schafe satt.

Soll sich lohnen deine Mühe,
halt' dir viele alte Kühe.

Gertraud (17. März) –
führt die Kuh zum Kraut.

Wer auf schlechte Weide treibt die Kuh,
verliert die Milch und den Mist dazu.

Zu Georgi (23. April) 'naus –
zu Michaeli (29. Sept.) wieder nach Haus.

Kommt Sonne nicht in deinen Stall,
bringt krankes Vieh dich bald zu Fall.

Wer gut futtert,
der gut buttert.

April warm und naß –
tanzt die Magd ums Butterfaß.

Die Kühe, die am meisten brüllen,
geben am wenigsten Milch.

Auf St. Georgen (23. April) muß man
die Kuh von der Wiese jagen,
denn die Wiese geht ins Heu,
ist St. Georgentag vorbei.

Tau am Walpurgismorgen (1. Mai)
verheißt viel Butter.

Wenn die Kuh das Maul nach oben hält im Lauf,
so ziehen bald Gewitter auf.

Ein nasser Mai
schafft Milch herbei.

Im Mai zartes und duftiges Gras
gibt gute Milch ohn' Unterlaß.

Schnappt im Juli das Weidvieh nach Luft,
riecht es schon Gewitterduft.

Wenn die Sonne sticht,
der Bauer spricht:
die Kühe beißen und brommen,
es wird ein Regen kommen.

Merkt, daß heran Gewitter zieh',
schnappt auf der Weid' nach Luft das Vieh,
auch wenn's die Nasen aufwärts streckt,
und in die Höh' die Schwänze reckt.

Wenn alte Ochsen spielen, toben und ländern,
will sich das Wetter ändern.

Viel Staub im August
macht dem Viehe kranke Brust.

Die gut hauen und gut streuen,
können sich über Kühe freuen.

Kommen die Kühe abends lange nicht nach Haus,
so bricht am nächsten Tag schlecht Wetter aus.

An Michaeli (29. Sept.)
kauft man gut Vieh.
Doch den Verkauf brech' nicht übers Knie.

Im Füttern sei du niemals faul,
die gute Kuh melkt man durchs Maul.

Was du versäumt am Kalbe,
bringt nie die Kuh dir ein.

Auf den Tag St. Gallus (16. Okt.)
die Weidekuh in den Stall muß,
und der Apfel in den Sack muß.

Auf St. Gall (16. Okt.)
bleibt die Kuh im Stall.

Wenig Milch und wenig Mist
gibt die Kuh, die wenig frißt.

Man soll nicht eine Kuh hungern lassen,
wenn man zwei Ziegen ernähren kann.

Halte dich ans Hornvieh,
aber nicht ans Kornvieh.

Das Kalb auf der Wiese,
das Schwein in der Scheuer
werden fett und teuer.

Wer will fette Ochsen schlachten,
muß sie fett han bis Weihnachten.

Osterferkel, Osterfohlen,
alle Bauern haben wollen.

Kurze Pferd' und lange Schwein
für den Bauern nützlich sein.

Wer sein Pferd nicht pflegt und nährt,
ist des Tieres nicht wert.

Pflege dein Pferd wie einen Freund
und reite es wie einen Feind.

Georgi (23. April) ist ein Ruhetag
für die Pferde.

Im Sommer eine Distelkur,
im Winter recht viel Möhren,
dann wird dich in dem Pferdestall
der Tierarzt nicht mehr stören.

Wenn die Esel geilen,
so verderben sie das Wetter.

Mit dem Futter von gestern geht das Pferd,
mit dem Futter von heute ist's nichts wert.

Hafer ist dem Pferde gut –
aber zu viel übel tut.

Nach der vielen Arbeit Schwere
an Leonhardi (6. Nov.) die Rösser ehre.

Ein Jahr länger ein Fohlen –
zehn Jahre länger ein Pferd.

Der Hahn ist des Bauern
Uhr und Kalender.

Laufen die Hühner nicht unters Dach vorm Regen,
so bleibt er nicht lange zugegen.

Pauli Bekehr (25. Jan.) –
Gans, gib dein Ei her!

Wer arm werden will und weiß nicht wie,
der halte nur viel Federvieh.

Haben zu Lichtmeß (2. Feb.) die Gänse naß.
so haben die Schafe zu Marien (25. März) Gras.

Gibt's in der Fastnacht viele Sterne,
dann legen die Hühner gerne.

Wenn es regnet und die Hühner
treten unter, so regnet es fort;
bleiben sie aber im Freien,
so hört es bald wieder auf.

Eier am Tag Valentin (14. Feb.)
bringen wenig Gewinn.

Wenn die Hennen früh schlafen gehen,
wird am nächsten Tage gutes Wetter;
wenn spät, schlechtes.

Junge Hühner legen die Eier,
alte Kühe geben die Milch.

Wenn die Gänse stehen auf einem Fuß,
dann kommt ein Regenguß.

Wer eine Gans zum Essen mag,
beginnt zu mästen sie am Katharinentag (25. Nov.).

Wenn Matthias (24. Feb.) kommt herbei,
legen Gans und Huhn das erste Ei.

St. Gertrud (17. März)
legt Ent' und Put'.

Wenn Hennen viel im Staube wühlen,
ist's, daß sie Stürme nahen fühlen.

Wenn der Holunder blüht,
sind die Hühner müd'.

Kräht der Hahn auf dem Mist,
das Wetter im Wechsel ist,
kräht er auf dem Hühnerhaus,
hält das Wetter die Woche aus.

Kühler Mai
schadet keinem Ei.

Hocken die Hühner in den Ecken,
kommt bald des Winters Frost und Schrecken.

Wenn das Huhn sich mausert vor dem Hahn,
werden wir einen harten Winter han.

Wer Eier für den Winter will aufsparen,
der muß vom August sie aufbewahren.

Novemberwind
scheut Schaf und Rind.

Wer seine Schafe schert vor Servaz (13. Mai),
dem ist die Wolle lieber als das Schaf.

Kathrein (25. Nov.)
tut die Schafe rein.

Bienen und Schafe
ernähren den Menschen im Schlafe.

Wer will Honig schlecken,
darf sich nicht vor Bienenstichen schrecken.

Der Bienen Schwärmen
ist für das Ohr der Imker ein angenehmes Lärmen.

Wenn die Bienen zeitig verkitten,
kommt bald ein harter Winter geritten.

Wenn die Biene das Haus verklebt,
wird ein strenger Winter verlebt.

Ein Bienenschwarm im Mai
ist wert ein Fuder Heu.
Ein Bienenschwarm im Jun'
ist wert ein fettes Huhn.
Ein Bienenschwarm im Jul'
kaum ein Federpul.

Der Bauernstand

Bis ins 18. und 19. Jahrhundert hinein litten die Bauern unter Leibeigenschaft, Frondiensten und dem Zehnten, der Steuer, die sie ihrem Lehnsherren zahlen mußten. In den feudalen Systemen hatten sie kaum Rechte, obwohl sie doch für das „tägliche Brot" sorgten. So gibt es einige Sprüche über ihren Platz in der Gesellschaft, in denen sie – mitunter recht derb – auf ihrem Stolz auf den eigenen Stand bestehen. Dabei betrachten sie die anderen oftmals mit Witz und Ironie und auch ein wenig Schadenfreude.

Andere Sprüche geben Einblicke in die Bräuche des bäuerlichen Lebens. Manche zeigen, wie sehr für den Bauern Beruf und Leben eine Einheit sind. Das verwundert nicht, wenn man bedenkt, daß die meisten den Hof, auf dem sie geboren und aufgewachsen sind, von ihren Eltern übernehmen und eines Tages an ihre Kinder weitergeben werden. Bauer wird man also nicht, man ist es. Andere Reime mahnen den Nachbarn, daß er sich auf die alten Tugenden zurückbesinnen soll, und geben Anweisungen, wie ein guter Bauer zu sein hat.

Priester bete, Fürst vertrete, Bauer jäte.

Besser ein gesunder Bauer
als ein kranker Kaiser.

Der Kaiser führt das Schwert,
der Bauer führt den Pflug;
und wer nicht beide ehrt,
der ist ja wohl nicht klug.

Wenn de Buren utstarwt,
dann geiht de Welt ünner.

Rühme das Korn erst, nachdem du es in der
Scheuer geborgen hast,
und deinen Herrn erst im Grabe.

Aprilwetter und Herrengunst –
darauf zu bauen, ist umsunst.

Herrendienst und Vogelsang
tut gar schön, aber währt nicht lang'.

Landleute heiraten nach Land,
Edelleute nach Stand,
Hofleute nach Welt,
Kaufleute nach Geld.

Güte macht ungütige Knechte.

Selig ist der Mann fürwahr,
der seinen Landherren nur einmal sieht im Jahr.

Bei Gott gilt der Bauer soviel wie der Edelmann.

Wenn Bauern nicht wären und ihre Güld',
so wär' ein Bettelsack der Edelleute Schild.

Ein Pfenniglicht schützt so gut
vor Blitz als eine Talerkerze.

Die Höhen trifft der Sturm,
und trifft sie öfters gar;
ein niedrig' Haus besteht;
groß' Haus hat groß' Gefahr.

Ein Harnisch zieht den Blitz
mehr an als ein Kittel.

Hohe Häuser trifft der Blitz am ersten.

Hat der Bauer Geld,
hat's die ganze Welt.

Wie einer ist geboren,
so wird er geschoren.

Wer oben aus will,
der stößt sich an den Kopf.

Bauernscheren ist ärger denn Herrenschinden.

Wenn der Bauer auf den Gaul kommt,
reitet er stolzer als ein Edelmann.

Ein verständiger Bauer ist mehr wert
als ein ratloser Bürger.

Ein fleißiger Bauer ist edler
als ein fauler Edelmann.

Wer stets im Treuen schafft sein Sach',
darf stolz sein auf sein Tor und Dach.
Es sitzt kein Fürst so hoch im Land,
er nährt sich durch des Bauern Hand.

Heute Herr, morgen Knecht.

Rechten, spielen, prächtig bauen,
Bürge werden, viel vertrauen,
über seinen Stand sich zieren,
Gäste halten, bankettieren,
unnütz Roß, viel Hund' und Wind,
übrig großes Hausgesind,
gleichfalls löffeln, buhlen, naschen,
macht leer Küche, Keller, Taschen.

Bauen kann nur der Habich –
nicht der Hättich.

Die Zimmerleut' und Maurer,
das sind die rechten Laurer;
eine Stunde tun sie essen,
eine Stunde tun sie messen,
eine Stunde rauchen sie Tabak,
damit vergeht der halbe Tag.

Das Haus ist mein und doch nicht mein;
der nach mir kommt, ist auch nicht sein;
und wird's dem dritten übergeben,
so wird's ihm ebenso ergehen;
den vierten trägt man auch hinaus –
nun sagt mir doch, wes ist das Haus?

Wenn de Buren nit arbeit',
dann könnt de Könige nit kacken.

Im Januar sieht man lieber den Wolf
als einen Bauern in Hemdsärmeln.

Fährt der Bauer im Januar Schlitten,
muß er im Herbst um Sä-Frucht bitten.

St. Blasius (3. Feb.)
man Lammbraten essen muß.

In der Fasten
leeren die Bauern Keller und Kasten.

In den Fasten
mag der Pflug nicht rasten.

Elf Wochen nach Weihnachten,
soll der Bauer seinen Pflug betrachten!

Ein Bauer nach der alten Art,
trägt seinen Pelz bis Himmelfahrt,
und tut ihm dann der Bauch noch weh,
so trägt er 'n auch bis Bartholomä (24. Aug.)

Sunnwendfeuer (24. Juni),
der Haber ist teuer.
Wer kein Holz zum Feuer git,
erreicht das ewige Leben nit.

Unterm Kopf und überm Kopf,
tua i's Hüatl schwinga.
Dirndl, wennst mi gerne hast,
mußt durchs Feuer (24. Juni) mit mir springa.

Am Martinstag (11. Nov.) beißt jung und alt
den Gänsebraten warm und kalt.

In die Woche auf St. Martin (11. Nov.)
fallen in der Regel Zahltermin'.

St. Martin (11. Nov.)
macht Feuer im Kamin,
dann, oh Mädel,
greif zum Rädel.

Was das ganze Jahr verschwiegen bleibt,
kommt auf in der heiligen Rockenzeit.

Martin (11. Nov.) ist der Grundzinstag,
drum nimm das Geld auch aus dem Sack.

Um Martin (11. Nov.) schlachtet der Bauer sein Schwein.
Das muß bis zu Lichtmeß (2. Feb.) gegessen sein.

Weihnachten
mögen die Bauern Schweine schlachten.

Stephanstag (26. Dez.)
kennt keine Plag'.

Wer's Wetter scheut
kommt niemals weit.

Wie der Herr
so's G'scherr.

Der Bauer ist auf einen Pfennig
wie der Teufel auf eine arme Seele.

Der Bauer ist ein Lauer,
gibt der Bauer, so sieht er sauer.

Wenn der Bauer berechnet, was der Pfannkuchen kostet,
dann ißt er ihn nicht.

Zuviel Land unterm Pflug,
zuviel Kühe im Stall,
bringen den besten Bauern zu Fall.

Rührige Hand
macht aus Felsen Gartenland.

Was der Bauer nicht kennt,
er Kartoffelkraut nennt.

Wenn der Bauer nicht krumm gehen kann,
ist der Acker übel dran.

Guter Boden macht den Bauern reich –
aber nicht sogleich.

Wenn sich der Bauer nicht bückt,
wird der Acker übel gepflügt.

Das Feld
macht den Bauern zum Held.

Wer mehr vertut, als er verdient,
wird ärmer bald als sein Gesind'.

Auf dem Acker ist kein besserer Mist,
als der an des Herren Stiefeln ist.

Das beste Wappen in der Welt
ist der Pflug im Ackerfeld.

Seh' ich den Hof und auch den Mist,
so weiß ich gleich, was an dir ist.

Glückselig ist der Mann,
der mit seinem Ochsen ackern kann.

Brachen, pflügen und stark misten
füllt dem Bauern seine Kisten.

Der Bauer ist nicht zu verderben,
man hau' ihm denn Hand und Fuß ab.

Besser ackern und düngen
als beten und singen.

Schmutzige Hand –
segnet das Land.

Faulem Wichte
bringt auch der gute Acker keine Früchte.

Wenn ein alter Bauer stirbt,
so lacht das Geld
und weint das Feld.

Wer zuerst in die Wiese geht,
auch das beste Gras stets mäht.

Der Eggenstaub und Winterfrost
machen die Bauern wohlgetrost.

Wer im Heuert nicht gabelt,
in der Ernte nicht zappelt,
im Herbst nicht früh aufsteht,
sieh zu, wie es im Winter geht.

Beim Sonnenschein schlafen
und beim Mondenschein wachen,
wird niemand zum reichen Manne machen.

Ein Bauer – ein Schlauer.

Dann wollen wir, sagt der Bauer,
wenn er muß.

Wo der Pflug von Rost zerfressen,
wird sehr wenig Korn gegessen.

Ein Ackermann – ein Wackermann.

Wer unfruchtbaren Boden baut,
vergeblich nach der Ernte schaut.

Je vornehmer der Bauer,
um so größer sei Mischthaufa.

Beim Ackern ohne Brach
lassen die Früchte nach.

Bauer werden ist nicht schwer;
Bauer bleiben eine Ehr'.

Bauernschweiß ist der beste Dung.

Hungriger Bauer ist halb toll.

Wer will haben,
der muß graben.

Schimpfen kann ein jeder Bauer,
besser machen fällt ihm sauer;
jeder baut nach seinem Sinn,
keiner kommt und zahlt für ihn.

Wie du wirst säen,
so du wirst mähen.

Die Sonne hat noch keinen Bauer
aus seinem Hofe hinausgeschienen,
aber's Wasser schon manchen
hinausgeschwemmt.

Lorbeer macht nicht satt;
besser, wer Kartoffeln hat.

Steh' auf um fünf,
iß mittag um neun,
des abends um fünf
und zu Bett um neun –
so wirst du ein Mann
von neunzig und neun.

Ehe der Bauer zweimal geht,
schleppt er, daß ihm der Buckel weht.

Borgen – macht Sorgen;
drum muß man nicht mehr verzehren,
als der Pflug kann ernähren.

Besser schlecht fahren als stolz laufen.

Wenn der Bauer nicht muß,
rührt er weder Hand noch Fuß.

Ein jeder baut nach seinem Sinn,
und nachher wohnt ein anderer drin.

Ein Bauer und zwei Kühe sind drei grobe Tiere.

Selbst gewebt und selbst gemacht,
das ist die beste Bauerntracht.

Ein reicher Bauer ist ein gehörnter Ochse.

Die dümmsten Bauern haben die größten Kartoffeln.

Wer sonntags einbringt die Ernt',
hat's Gottvertrauen verlernt.

Wer den Dreschflegel ergreift,
muß die Geige vergessen.

Bauernköppe – harte Knöppe.

Ein Maul voll Gras fürs Vieh
ist dem Bauer lieber als
eine Schulstunde für seine Kinder.

Sonnenscheu und ofenwarm'
macht die reichsten Bauern arm.

Das Wetter kennst du am Wind,
den Vater am Kind,
den Bauern am Rind,
den Herrn am G'sind.

Der Sommer ernähret –
der Winter verzehret.

Gibt Gott Kinder,
so gibt er auch Rinder.

Wenn der Bauer durchs Feld spaziert,
dann ist sein Weizen mit Unkraut geziert.

Nur nicht Neues auf dem Hof, sagen die Bauern.

Geht die Sonne nach Westen,
arbeiten die Faulen am besten.

Buur is'n Buur –
'n Schelm von Natur.

Lebensweisheiten

Neben den Wetterregeln gibt es eine ganze Menge Bauernweisheiten, die das menschliche Leben in all seinen Facetten betrachten. Diese Sprüche sind Volksweisheiten und sicherlich nicht nur den Bauern als Urhebern zuzuordnen. Sie sind aber wie die sogenannten Bauernregeln meist kurz und knapp, leicht einzuprägen und dabei mitunter weise. Vom guten Namen ist die Rede genauso wie von Liebe und Freundschaft, von Arbeit und der eigenen Ehre, von Furcht oder Neid, von Wahrheit und Lüge. Sie bringen den Unterschied von Reden und Handeln auf den Punkt, mahnen zu Toleranz und Selbstkritik und geben praktische Tips für ein gesundes Leben. Sie zeigen aber auch einen optimistischen Glauben an des Menschen Fähigkeit, sein eigenes Los zu bestimmen.

Beim Lesen dieser Sprüche wird man hin und wieder innerlich mit dem Kopf nicken oder in sich hineinlachen. Manchmal wird man auch heftigst widersprechen wollen. Ein jeder kann sich hier das Quentchen Wahrheit herauspicken, das ihm oder ihr am besten gefällt.

Wo Menschen wandeln,
ein menschlich Handeln.

Bald trüb und rauh,
bald licht und mild,
ist der April
des Menschen Ebenbild.

Menschensinn und Juniwind
ändern sich geschwind.

Eenmal levt wi man, un dat is nu.

Es soll ein jeder in sein eigenes Häfele schauen.

An sich denken, ist ganz recht;
nur an sich denken, das ist schlecht.

Frohsinn und Heiterkeit
würzt jede Mahlzeit.

Freundlich Angesicht ist halb Zugemüse.

Die kleinen Wasser allgemein
laufen in die großen hinein.

Gut den Tag vollbracht,
ist so schön die Nacht;
und gebetet brav,
ist so süß der Schlaf.

Freiheit ist der Ehren Hort,
überkrönet Werk und Wort.

Man soll immer das Beste hoffen,
aber auf das Schlimmste gefaßt sein.

Guter Mut ist halbes Leben.

Für eigene Fehler sind wir Maulwürfe,
für fremde Luchse.

Auf einen harten Klotz
gehört ein harter Keil.

Beneide niemals den ersten,
denn er hat es immer am schwersten.

Zuerst verlacht,
dann nachgemacht.

Wer zuerst kommt, mahlt zuerst.

Wie du den Kuchen gebacken hast,
so wirst du ihn essen müssen.

Was auf die Neige geht,
wird gerne sauer.

Nicht was uns wert, was fremd und neu,
darüber machen wir großes Geschrei.

Das Ei will klüger sein als die Henne.

Ein faules Ei
verderbt den ganzen Brei.

Wie's Ei, so's Hennele.

Wer nichts umwirft,
lernt nicht aufladen.

All' gut' Ding hat ein Ende,
und die Mettwurst hat zwei.

Ein Finger macht keine Hand,
ein Balken noch keine Wand,
eine Schwalbe noch keinen Sommer.

Wo man mit Eigennutz düngt,
kann die Tugend nicht gedeihen.

Stäch' ein Eid wie ein Dorn,
es würde nicht so viel geschworn.

Aus ungelegten Eiern schlüpfen keine Hühner.

Der Faule findet überall
ein Plätzchen zum Nichtstun.

Gleiche Bürde bricht niemand den Rücken.

Wer lange droht, macht dich nicht tot.

Nichts mit Hast! – als Flöhe fangen.

Der beste Rat ist in der Not:
Mensch, hilf dir selbst, so hilft auch Gott.

Viel getrauen ist nicht gut,
keiner kennt des andern Mut.

Faul in der Arbeit und fleißig im Beten
ist Orgelspiel ohne Balgentreten.

Den Wind kann man nicht verbieten.
Aber man kann Mühlen bauen.

Jag' du die Arbeit,
sonst jagt sie dich.

Raste ich,
so roste ich.

Aus anderer Schüssel schmeckt es immer besser.

Wohl geboren und wohl gefreit,
wohl gestorben zur rechten Zeit;
das sind drei Dinge auf Erden,
die für die besten gehalten werden.

Der eine hat die Mühe,
der andre die Brühe.

Wenn du vorm Blitz nur sicher bist –
der Donner schadet nicht.

Außen blank, innen Stank.

Ein Müder kann sogar
auf einem Misthaufen schlafen.

Wer barfuß geht, darf keine Dornen säen.

Grobe Säcke muß man nicht mit Seide nähen.

Iß, was gar ist,
trink, was klar ist,
sprich, was wahr ist,
zahl, was bar ist.

Der Ausgang lehrt, ob die Rose blüht
oder der Dorn sticht.

Wer Rosen brechen will,
scheue die Dornen nicht.

Ein fleißig Mühlrad friert nicht ein.

's ist nirgends schöner als daheim,
und wenn d' Heimat nur a Saustall ist.

Wo's der Brauch ist, singt man den Pumpernickel
in der Kirche.

Man muß den Bock nicht zum Gärtner machen.

Üble Botschaft kommt immer zu früh.

Später Dank, schlechter Dank.

Dankbarkeit gefällt,
Undank hat die ganze Welt.

Unkraut vergeht nicht.

Es ist noch all' Tag' Abend geworden.

Wer nicht kommt zur rechten Zeit,
der muß nehmen, was übrigbleibt.

Ein Löffel voll Tat
ist besser als ein Scheffel voll Rat.

Es läßt sich nicht von allem Flachs
feine Seide spinnen.

Wer zu weit voraussehen will,
sieht oft falsch.

Jedes Ding an seinem Ort,
spart viel Zeit, Verdruß und Wort.

Zu höflich wird tölpelich.

Ein Löffel Gunst, ein Scheffel Kunst
ist ungleich gemessen.
Doch macht die Gunst, daß wir die Kunst
oftmal gar vergessen.

Der Krug geht so lange zu Wasser,
bis er bricht.

Du mußt den Brunnen graben,
bevor du Durst hast.

Es hat nicht jeder Abgrund
ein Geländer.

Armer Leute Hoffart und Kälbermist
verriechen gar bald nach kurzer Frist.

Wenn Falschheit brennte wie ein Feuer,
wär' das Holz nicht halb so teuer.

Verdrossen
hält alles für Possen.

Man kann kein Feuer so tief am Boden
machen, es schlägt der Rauch in die Höhe.

Allzeit gewinnen macht verdächtlich,
allzeit verlieren macht verächtlich.

Wer im Galopp lebt, fährt im Trab zum Teufel.

Von Martin (11. Nov.) bis zum Weihnachtsfest
geht es jedem Armen schlecht.

Langes Fasten ist nicht Brot sparen.

Keine Fasten ohne Stockfisch.

Auf einem vollen Magen
steht ein fröhlicher Kragen.

Geborgt wird nur einmal im Jahr,
und zwar am 30. Februar.

Wer borgt ohne Bürgen und Pfand,
dem sitzt ein Wurm im Verstand.

Unrecht' Gut hat kurze Währ';
der dritte Erbe sieht's nicht mehr.

Ein Steckenpferd
frißt mehr als zehn Ackergäule.

Kratz mir den Nacken,
dann kannst du gut sacken.

Noth macht Füße.

Uns ist beschieden dies und das,
der ein' sitzt trocken, der andre naß.

Wer den Eltern nicht folgt,
muß dem Elend folgen.

Das Jahr hat ein weites Maul
und einen großen Magen.

Pacht, Geld und Ehr'
ist morgen oft nicht mehr.

Klagen füllt nicht den Magen.

Der ist ein selig' Mann,
der recht geben und halten kann.

Recht tut, wer tut, was Lohnes wert,
und doch des Lohnes nicht begehrt.

Das Beste, was der Mensch genießt,
ist wohl das liebe Brot,
und wo man einmal das vermißt,
herrscht allerhöchste Not.

Wer sich verläßt aufs Erben,
mag als ein Narr versterben.

Besser eignes Brot als fremden Braten.

Eigen Nest hält wie Mauer fest.

Eigner Rauch und Hausgemach
geht über jede andre Sach'.

Eigner Herd ist Goldes wert;
ist er schon arm, ist der doch warm.

Kein größer Gemach als eigen Dach.

Besser kleiner Herr als großer Knecht.

Im Joche stehn, ins Joch gehen.

Man sorgt um ein Brot
und hat genug an einer Schnitte.

Bergauf ist eine Last,
doch oben süße Rast.

'’s fremd Brot ist ein herbes Brot.

Durch Karten und Kanne
wird mancher zum armen Manne.

Betrug ist der Krämer Acker und Pflug.

Mit ander Leut’s Sach’ ist gut leben.

Wer kein Messer hat, kann kein Brot schneiden.

Was du hast in deinem Haus,
das plaudre nicht vor andren aus.

Hunger macht saure Bohnen süß.

Der geschenkte saure Apfel gilt für süß.

Leere Töpfe klingen hell.

Aller Menschen Sinn und Mut
geht auf Ehre, Geld und Gut,
und wenn sie's haben und erwerben,
dann legen sie sich hin und sterben.

Der ersparte Pfennig ist zweimal verdient.

Mit dem Reichtum wächst der Geiz.

Der Teufel scheißt immer dahin,
wo schon gedüngt ist.

Wo der Geldbeutel anfängt,
hört die Gemütlichkeit auf.

Bettelleut' schlafen am ruhigsten.

Wenn Ostern auf Georgi (24. April) fällt,
erwartet großes Weh' die Welt.

Man soll sein Zeug nicht an *einen* Nagel hängen.

Ehre kannst du nirgends borgen,
dafür mußt du selber sorgen.

Guter Nam' und Reinlichkeit
übertrifft den Reichtum weit.

Wer einen guten Namen läßt,
der bringt davon das Allerbest'.

Das Alte flicken, das Neue halten;
in die Welt sich schicken
und Gott lassen walten.

Der beste Segen, der mir gedeiht,
ist der gute Name zu aller Zeit.

Sei nicht ein Wind- und Wetterhahn,
fang' nicht immer Neues an.

Zu vieles Neue stört alte Treue.

Nach gutem Alten
neu zu gestalten,
am schönen Neuen
sich zu erfreuen,
wird niemand gereuen.

Guter Leumund ist ein zweites Erbteil.

Neue Besen kehren gut.

Soll fegen der Besen recht blank und rein,
dann darf er selber nicht schmutzig sein.

Mit dreckigem Wasser
kann man sich nicht sauber waschen.

Wer sich zum Esel macht,
dem wird aufgepackt.

Wer sich nicht wehrt,
der wird nicht geehrt.

Aller Leute Freund,
jedermanns Narr.

Wer sich zum Lamm macht,
den fressen die Wölfe.

Wer sich bückt,
reizt zum Schlag.

Die erste Liebe und der Mai
gehen selten ohne Frost vorbei.

Die Liebe läßt sich nicht verbergen.

Das Gleiche sucht sich,
das Rechte findet sich.

Die Liebe und's Singen
lassen sich nicht zwingen.

Glück im Spiel
und Unglück in der Liebe.

Man muß schmieden,
solange das Eisen noch heiß ist.

Der Liebe ist kein Weg zu weit.

Was von unserm Herrgott aus zusammengehört,
das kommt zusammen.

Eine Lieb' ist die andre wert.

Zum Heiraten müssen immer zwei sein.

Gott im Herzen, die Lieb' im Arm
lindert Schmerzen und hält fein warm.

Das Herz ist nur ein kleines Feld,
aber es wächst alles auf ihm.

Lust und Liebe zum Ding,
machen Müh' und Arbeit gering.

Von Freunden in der Not,
gehn hundert auf ein Lot.

In Not und Gefahr,
sind Freunde rar.

Das Glück geht oft über Nacht aus.

Man kann dem Glück nicht aus dem Weg gehen.

Haar und Unglück wächst über Nacht.

Richte nicht nach den Zeiten
und nicht nach den Leuten!

Ein jeder mach' erst vor seiner Türe rein;
ist er dann ohne Schuld, so mag er Richter sein!

Können wir nicht alle dichten,
so wollen wir doch alle richten.

Besser schlichten als richten.

Die Allmacht zwar vermag sonst alle Sachen,
doch eines kann sie nicht:
es allen recht zu machen.

Nur die allergrößten Kälber
wählen ihre Metzger selber.

Zu viel Recht
hat manchen Herrn gemacht zum Knecht.

Wer vom Gericht bringt heile Haut,
der mag wohl jauchzen überlaut.

Die Wahrheit geht nicht mit der Sonne unter.

Wahrheit und Recht lassen sich wohl drücken,
niemals jedoch unterdrücken.

Die Wahrheit nimmt kein Blatt vor den Mund
und ändert sich nicht alle zwölf Stund'.

Kommt der Zorn,
geht der Verstand.

Schnelle Rach' und jäher Zorn
haben manch' gut Spiel verlorn.

Zorn beginnt mit Torheit
und endet mit Reue.

Zorn und Haß
sind schlechte Ratgeber.

Ein bleierner Frieden ist besser
als ein goldener Streit.

Friede ernährt,
Unfriede verzehrt.

Wer in alles sich tut mischen,
muß sich oft die Augen wischen.

Wer in das Feuer bläst,
dem fliegen leicht die Funken in die Augen.

Vergleichen und ertragen
ist besser als Zank und Klagen.

Berg und Tal kommen nicht zusammen,
aber die Leut'.

Honig im Munde,
Gift im Herzensgrunde.

Dem einen gehn die Haare aus,
dem andern die Gedanken.

Schweigen, dulden, lachen,
hilft zu manchen Sachen.

Leb ehrbarlich und frag nicht hoch,
was andre Leut' dir sagen nach:
Denn es in deiner Macht nicht steht,
was dieser oder jener red't.

Zuviel reden und zuviel schweigen,
das ist allen Narren eigen.

Versprochene Beeren füllen die Körbe nicht.

Einem schweigenden Mund ist nicht zu helfen.

Rede wenig, denke mehr,
vieles Schwätzen bringt nicht Ehr'.

Durch Meinen und durch Dunken
ist manche gute Sach' ertrunken.

An Meinen bindet niemand sein Pferd an.

Ein gutes Wort kostet nicht mehr als ein böses.

Ein gut Wort und ein sanfter Regen
dringen überall durch.

Böse Worte verwunden mehr
als ein scharfes Schwert.

Disteln und Dornen stechen sehr,
falsche Zungen noch viel mehr.

Ist ein Mund tief ins Nein gekommen,
so kommt er schwer wieder zum Ja.

Hüte dich, daß du den Leuten nicht in den Mund kommst,
denn du kommst selten daraus.

Bedacht im Rat, bedacht beim Wein,
wird euer Spruch ein weiser sein.

Denken darf man alles,
aber nicht sagen.

Menschenklugheit und Hennenei
brechen beim ersten Stoß entzwei.

Dummheit und Stolz
wachsen auf einem Holz.

Hohle Köpfe klappern am meisten.

Wer im Kopf hat leeres Stroh,
ist gemein und stolz und roh.

Die Dummen werden nicht alle.

Mancher Dumme lacht,
weil List ist seine Macht.

Wie das Stroh vom Feuer und Rauch,
so vergeht ein' Lügen auch.

Wer lügt,
muß ein gutes Gedächtnis haben.

Jeder lügt in seinen eignen Beutel.

Eine Lüge zieht zehn andere mit sich.

Mit Lügen und Listen
füllt man Säck' und Kisten.

Ehrlichkeit kann nicht weichen,
sie ist Holz von alten Eichen.

Vorgetan und nachbedacht
hat manchen in groß Leid gebracht.

Besser zweimal fragen,
als einmal fehlgehen.

Zum Denken stets bereit,
zum Handeln nimm dir Zeit.

Nach der Tat
weiß der Gimpel Rat.

Erst besinn's, dann beginn's.

Vorm Beginnen
sich besinnen
macht gewinnen.

Was stehst und lugst mich an?
Mach's besser, wer's kann.

Freund, sieh auf dich und nicht auf mich,
und fehle ich, so bess're dich!

Wer will, daß's ihm gelingt,
seh selber zu seinem Ding!

Beispiele tun mehr,
als Wort' und Lehr'.

Erfahrungen nützen nichts,
wenn man sie nicht durchdenkt.

Es lernt niemand aus,
bis das Grab ist unser Haus.

Auch wenn man alt wird wie 'ne Kuh,
lernt man doch immer noch dazu.

Schlechte Jahre
sind Lernjahre.

Wer seine Jugend verhockt daheim,
den schickt man alt mit seiner Weisheit heim.

Die beste Lebensregel ist:
Nutz deine Zeit, weil jung du bist.

Ein alter Baum läßt sich
nicht mehr verpflanzen.

Laß Neider neiden, Hasser hassen!
Was Gott mir gönnt, muß man mir lassen.

Die neidisch wie die Hunde sein,
verzehren selbst ihr Mark und Bein.

Der Neid gönnt dem Teufel nicht
die Hitze in der Hölle.

Der Habichte gibt es gar viele,
die wie Tauben aussehen.

Ein böser Geselle
führt den andern zur Hölle.

Heuchler sind wie faules Holz,
welches des Nachts einen Schein gibt,
aber nicht wärmt.

Wer alle Bäume fürchtet,
kommt durch keinen Wald.

Dem Furchtsamen rauschen alle Blätter.

Wenn einer tausend Tugend übt
und nur ein einzig's Laster liebt,
der Tugend wird vergessen,
das Laster wird gemessen.

Beinahe bringt keine Mücken um.

Graue Haare sind Kirchhofsblumen.

Festmond im Dreck
macht Gesundheit ein Leck.

Krankheit kommt zu Pferde
und geht zu Fuß.

Das ist fürwahr das beste Leben,
allen Dingen ein Maß zu geben.

Wer ein langes Leben will erringen,
halte Maß in allen Dingen.

Maß und Ziel ist das beste Spiel.

Mäßig wird alt;
zuviel stirbt bald.

Mäßigkeit ist eine gute Kunst,
bringt bei Verständigen große Gunst,
nicht zuviel noch -wenig man will,
sondern rechte Mitte ist das Ziel.

Von Weihnachten bis Dreikönigstag
aufs Wetter man wohl achten mag.
Ist's regen-, nebel-, wolkenvoll,
viel Krankheit es erzeugen soll.
Leb' mit Vernunft und Mäßigkeit,
bist du vor allem Wetter gefeit.

Grüner Januar
macht das Bett zur Bahr'.

Wenn im Januar der Südwind brüllt,
werden die Kirchhöfe schnell gefüllt.

Winter weich – Kirchhof reich.

Der Hornung gebiert Krankheit bald;
vermeid' Most, Bier und was ist kalt.

Wind aus Ost
bringt den Kranken schlechten Trost.

Iß an Lichtmeß (2. Feb.) kein Fleisch,
wenn du gesund bleiben willst.

Ein heißer Mai
ist des Todes Kanzlei.

Wer seinen Lüsten lebt,
der stirbt in Unlust.

Tau im August ist ungesund,
drum wisch die Frucht hübsch vor dem Mund.

Wasser trinken heilt den Magen;
neue Kräfte gibt das Baden.

Ist der Magen krank,
wird der Körper wank.

Es trinken Tausend sich den Tod,
Eh' einer stirbt von Durstes Not.

Einem Betrunkenen weicht ein Fuder Heu aus.

Wer mit Bacchus kommt ins Spiel,
seh' sich vor und trau' nicht viel,
nimmt er dir den Kopf nur ein,
sind die Füße nimmer dein.

Ist das Bier im Manne,
ist der Verstand in der Kanne.

Der Gelehrten dranck sol sein
jederzeit der beste Wein;
der Ungelehrter sol drincken Bier,
Wasser alle andern Tier.

Der Wein ist die Milch der Alten.

Regen läßt das Gras wachsen,
Wein das Gespräch.

Wer fröhliche Nacht sucht,
verliert guten Tag.

Zum Trinken braucht man Säfte;
zur Reue braucht man Kräfte.

Kraft im Arm, Herz ohne Harm,
Herd traut und warm
braucht kein Erbarm.

Wer sonntags einbringt die Ernt',
hat's Gottvertrauen verlernt.

Gah fröhlich in, gah fröhlich ut,
sei draus und drin in Gottes Hut!

Wenn Gott will,
regnet es bei jedem Winde.

Wenn's donnert,
wachen die Gebetbücher auf.

Wir bauen Häuser groß und fest,
darin wir sein nur fremde Gäst',
und da wir sollen ewig sein,
da bauen wir gar wenig ein.

Wer das Gewitter zerläuten will,
den trifft es.

Des Morgens bet zu deinem Gott,
des Mittags iß vergnügt dein Brot,
des Abends denk an deinen Tod,
des Nachts verschlafe deine Not!

Gott gibt Sonnenschein
für des Armen Brot und des Reichen Wein.

Bau Hoffnungsfeld mit Gebet und Fleiß,
sä drein Geduld; bringst Ehrenpreis.

Scherzregeln

Daß die Bauernregeln nicht ganz wörtlich genommen werden sollten und die Wettervoraussagen eher Tendenzen und Wahrscheinlichkeiten ausdrücken, wurde schon mehrmals bemerkt. Wenn sie immer genau zuträfen, würden wir sie Naturgesetze nennen und nicht Bauernregeln. Die Ungenauigkeit mancher Vorhersagen und die Tatsache, daß es so viele Regeln gibt, wobei sich durchaus auch zwei widersprechen können, hat die Witzbolde im Volk veranlaßt, eigene „Bauernregeln" zu ersinnen. Diese kommen im Gewand einer ernsten Bauernweisheit daher und geben garantiert zutreffende Prognosen ab. Ganz bestimmt waren bei diesen Sprücheklopfern auch einige Bauern dabei.

Auf diese Regeln, liebe Leserinnen und Leser, können Sie sich immer verlassen.

Wenn der Hahn kräht auf dem Mist,
so ändert sich's Wetter
oder bleibt, wie es ist.

Stellt sich ein Huhn früh gackernd ein,
gibt's Regen oder Sonnenschein.

Der Winter bleibt nicht aus,
kommt er nicht früh,
so kommt er spät ins Haus.

Gibt's Schnee im Januar,
so fängt mit Kälte an das Jahr.

Wenn's schneit und es kommt noch Regen dazu,
dann gibt's im Jänner nasse Schuh.

Auf das kannst du zählen jederzeit,
daß es am 30. Februar nicht schneit.

Stellt sich im März schon Donner ein,
so muß das ein Gewitter sein.

Auf März folgt stets April,
das ist Kalenderwill.

Stellt sich im April der Regen ein,
dann hat man keinen Sonnenschein.

Nach Karfreitag kommt Ostern.

Mag der Wind blasen, wie er will –
Ostern kommt vor Ende April.

Will der Mann die Kehle feuchten,
gibt es starkes Wetterleuchten.

So der Storch dir im Maien ein Kind beschert,
die Familie wird um ein Haupt vermehrt.

Fällt Juniregen in den Roggen,
so bleibt der Weizen auch nicht trocken.

Vitus (15. Juni) spricht: Sä' Lein,
oder laß es sein.

Schmerzt zu Jakobi (25. Juli) dich das Bein,
so wird's das rechte oder linke sein.

Wenn es donnert und blitzt,
kommt ein Gewitter angeflitzt.

Macht der August den Menschen heiß,
geraten sie leicht in großen Schweiß.

Wenn es will Abend sein,
verliert die Sonne Hitz' und Schein.

Geraten im September die Reben,
wird's in der Folge viel Räusche geben.

Prügelt im Oktober der Jäger seinen Hund,
so tut er es mit oder ohne Grund.

Wälzt das Schwein sich in den Lachen,
so brauchst du's ihm nicht nachzumachen.

Wenn zu St. Lukas (18. Okt.) der Gänserich schreit,
so hat's noch zehn Wochen bis zur Weihnachtszeit.

Wenn im November der Schornstein raucht,
wird in der Küche viel Holz verbraucht.

Wird es kalt,
kommt der Winter bald.
Schneit es zu Nikolo (6. Dez.)
ist der Winter auch schon do.

St. Thomas (21. Dez.) bringt die längste Nacht,
weil er den kürzesten Tag gebracht.

Gefriert's an Silvester zu Berg und Tal,
geschieht es dies' Jahr zum letzten Mal.

Silvesternacht düster oder klar,
deutet auf ein neues Jahr.